去日本，
这么近，那么美

张正道 著

四川人民出版社

图书在版编目(CIP)数据

去日本，这么近，那么美 / 张正道著. —— 成都：四川人民出版社，2017.12（2019.4重印）

（图说天下.国家地理系列）

ISBN 978-7-220-10624-8

Ⅰ.①去… Ⅱ.①张… Ⅲ.①旅游指南－日本 Ⅳ.①K931.39

中国版本图书馆CIP数据核字（2017）第310405号

QU RIBEN,ZHEME JIN,NAME MEI

去日本，这么近，那么美

张正道 著

责任编辑	陈 欣
封面设计	周 正
版式设计	段 瑶
责任校对	林 泉
责任印制	李 剑

出版发行	四川人民出版社（成都市槐树街2号）
网　　址	http://www.scpph.com
E-mail	scrmcbs@sina.com
新浪微博	@四川人民出版社
微信公众号	四川人民出版社
发行部业务电话	（028）86259624 86259453
防盗版举报电话	（028）86259624
照　　排	日阅图书
印　　刷	北京天宇万达印刷有限公司
成品尺寸	170mm×240mm
印　　张	12
字　　数	202千字
版　　次	2018年3月第1版
印　　次	2019年4月第2次印刷
书　　号	ISBN 978-7-220-10624-8
定　　价	29.90元

■版权所有·侵权必究

本书若出现印装质量问题，请与我社发行部联系调换

电话：（028）86259353

前言
FOREWORD

皎日照芳菲，鲜葩含素辉。行走在春秋的轮转之中，碧树繁花间盛放的总是不泯的年华与烂漫。

世界很大，我们很小，风雨中驻足，艳阳下凝眸，不一样的旅程，承托的却是同样的情怀。

日本，是一个美丽的国度，也是一个虽弥漫着孤岛的忧伤却依旧坚强且绚烂的国度。

水色山光之中，原没有忧伤，零落在繁华中的樱花在富士山的温醇之间氤氲的也不是苍凉，而是优雅的野趣。

日本与中国是一衣带水的邻邦，日本海漫卷的清波则仿佛古老时光中的絮语，讲述着这个国度中所有的喜怒与哀乐。

日本值得驻足、值得留恋、值得用一生去回味的地方有太多太多。东京繁华如诗，浅草的斑斓中旖旎着台场的明月光，晴空塔星光璀璨的是银座的灯光；京都沉厚而宁静，岚山的雨雾蒸腾着金阁寺恬然的佛光，琵琶声中，祇园一枝独秀；岐阜是个温婉的地方，白雪流觞的白川乡、合掌造的古屋流转着悠长；有明之滨，彩虹之上，嘉濑川的波光粼粼着嬉野温泉的向往；诹访湖很美，地狱谷的云霞支撑着阿尔卑斯的忧伤，冬雪雪冬，长野的恋歌缠绵异常……

行走在路上，本就是生命中的一种美好；行走在日本，更是幸福满满。

有人说，佳期如梦，旅途如诗，每一个行走在山水时光中的人都有着独属于自己的梦与诗。或许，那烂漫的樱花并不是你心中最纯美的那首诗，但与它相遇，你，终归无悔！

富士山如玉扇倒悬于东海,山顶的皑皑白雪在夕阳下闪烁着一抹金、银、蓝三色交织的绝美光辉。而当云雾萦峦时,天光霞蔚,薰衣草花田掀起紫雪的浪涛,妙趣无穷。

白川合掌村的冬天是最梦幻的时节。雪后,整个村落被皑皑的白雪覆盖着,恍若"冬日的童话"。入夜时分,古朴昏黄的灯光映着白雪流筋,那唯美的景致难以言喻。

contents 目录

CHAPTER 1　最日本、最烂漫、最名城

邂逅**东京**，晴空，约吗……………………………… 2

京都，岚山的回眸………………………………… 10

神户影落话六甲，西海潮生有异人……………… 16

横滨，山下的"女王"…………………………… 22

专题：日本的符号 和服…………………………… 28

CHAPTER 2　流淌在岁月中的墨香

决战**大阪**之颠，哈利·波特VS.四天王…………… 32

名古屋，镌刻着历史波澜的沧桑………………… 40

漫步**熊本**，熊本熊的梦幻之乡…………………… 46

岐阜，古战场上的白川牧歌……………………… 52

CHAPTER 3　樱飞雪，卷起浪漫满帘

石川，白山飞瀑，温泉别样雪…………………… 60

五湖八海，**山梨**就是一个传说…………………… 66

奈良，吉野山上的春日烂漫……………………… 72

青森，弘前君，人家的苹果呢…………………… 80

专题：日本的国技 相扑…………………………… 88

CHAPTER 4 茶香袅袅水流岚，品味东瀛

- **宇治**，一泓水，一杯茶，一辈子 …… 92
- **静冈**，樱桃小丸子是我的 …… 96
- **福冈**，柳川河上品玉露 …… 102
- **佐贺**，有明之滨，彩虹之上，不见不散 …… 108

CHAPTER 5 有一种绝色，叫北海道

- 热恋在**札幌**，大通，我爱你 …… 116
- **函馆**山上大沼仙 …… 122
- **小樽**，最好的时光，最美的《情书》 …… 128
- **旭川**，初雪飘落的地方 …… 134
- 专题：典雅文化 **歌舞伎** …… 140

CHAPTER 6 别样日本，别样风情

- **冲绳**，白沙碧海，日本"夏威夷" …… 144
- 东照余晖，一米**日光** …… 150
- **箱根**，暖暖温泉乡 …… 156
- **长野**，地狱谷的冬日恋歌 …… 162
- **和歌山**，兰岛上的和式风情 …… 170
- 东方的普罗旺斯，**富良野** …… 175

Chapter

最日本、**最烂漫、最名城**

去日本，这么近，那么美

➡ *Tokyo*

邂逅**东京**，晴空，约吗

有一个地方，繁华如诗；有一个地方，斑斓若梦；有一个地方，能将春秋剪裁为一片晴空的绮丽；有一个地方，能让二次元的"欢脱"具现为三鹰之森与迪士尼的清歌；有一个地方，能在上野的日光中绽放一抹绯红的轻云；有一个地方，能氤氲着台场的月光演绎一曲绝美的彩虹桥之恋；有一个地方……这个地方就是东京。

❶ 璀璨瑰丽的东京塔　❷ 上野公园樱花道　❸ 彩虹桥　❹ 浅草寺中的五重塔

▲ 夜晚，霓虹灯下的银座光彩夺目，令人心驰神往。

印象中，东京的标签实在是太多太多，多得让人有些目不暇接，总想剔除其中一二，但数来数去，却踟蹰难定，一丝一毫都不愿意抛舍。毕竟无论缺失了哪一个，东京的无瑕、绝美、沉厚便不再完整。

即便是不曾邂逅东京，作为国际化大都市，东京于你我而言也从不是一个陌生的地方。

购！购！购！"剁手"也要购！

于东京而言，品位与时尚交融、缤纷与神秘共舞的银座，一直都是最值得骄傲的地方，一如北京的王府井。

占据东京中央区最繁华地段的银座不仅是东京商业区中的NO.1，更是整个日本首屈一指的时尚商圈，因高级购物商店而闻名遐迩。无数顶级品牌的旗舰店、各类百年老店、多到让你眼花缭乱的高档百货商店和精品店鳞次栉比，以至这条长1000米、宽700米的街道自诞生伊始，便成了购物者们"剁手"也要前往的购物天堂。

银座商圈有八条大街，以中央大街为核心，从一

去日本，这么近，那么美

▲ 位于银座的奢侈品牌卡地亚大厦

格的和光百货与紧紧抓住了时尚眼球的三越百货最是耀目。若你一向是一个容不得一丝瑕疵的精品控，那么请左转去和光百货；若你自诩是一位潮得不能再潮的时尚达人，那么请右转，三越百货正在等你。若是你足够有钱、足够任性、始终都崇尚或低调或神秘或张扬的奢华，那么请转身，穿过数码发烧友们热恋的晴海大街，与索尼大厦擦肩，直奔并木大街吧。并木大街是"名流"汇聚的地方，阿玛尼、迪奥、古驰、路易威登等国际名牌应有尽有，时尚与奢华的气质尽显，无数的"限量版"对你的钱包更是一种非凡的考验。

丁目到八丁目，亦即我们常说的银座八町，其中，最繁华的自然是中央大街与晴海大街相交的四丁目十字路口。

中央大街是银座的主街，又被称为"银座大街"，小伙伴们念念不忘的银座，各种影视剧中出现的银座场景，聚焦的都是这里。整条中央大街，建筑鳞次栉比，各种高档餐厅、珠宝店、服饰店、百货商店、特产店等扎堆出现，其中头顶"镌刻着时光"的石英钟、带着浓浓文艺复兴风

当然了，若是你一定要炫一把梳着马尾的文艺范儿，发誓要让所有的小伙伴都羡慕又叹服的话，那么就去铃木大街吧。铃木大街上分布着形形色色的画廊、艺术馆、精品屋、工艺屋，如以文房用品、纸工艺品闻名的鸠居堂、纪念品店中的"当家花旦"伊东屋等。

另外，《寿司之神》的主角小野的数寄屋桥次郎店也在银座，美食达人们绝对不能错过。喜欢娱乐项目的

朋友除了去电影院、Club狂欢，到四丁目的歌舞伎町看一场单幕或多幕的歌舞伎表演，也是题中之义。

我和皇宫有个"约会"

心满意足地品味了向往已久的"寿司之神"的寿司之后，告别银座的如织繁华，伴着熙熙攘攘的人流，去千代田区，和天皇来场"约会"，绝对会令你惊喜满满。

皇居，顾名思义，天皇的居所，也就是我们常说的皇宫。

皇宫也能随便进吗？可以，也不可以，因为皇居之中，真正能随意参观的其实只有外苑。

鼻间萦绕着几抹碧草的芳香，走入外苑，最先入目的便是门首那巨大的青铜骑士雕像，古拙的雕像与古老的城墙相映，别有一种沧桑的味道。青铜像后碧草如茵，放眼望去，恍若绿海；澄净如琉璃般的护城河环抱整个城郭，河畔垂柳婀娜，两三只天鹅悠然于水面之上游弋，眸中却倒映着二重桥的清歌。

二重桥是皇居的地标，正对皇居正门，为桥上之桥，典丽中带着几许清新的味道。悬浮在潋滟中的古桥，如彩虹横跨，桥的一边是市井的繁华，另一边则是皇室的尊荣。隔桥而望，内苑的风华影影绰绰。站在桥畔，以桥为背景，拍张合影，也算和天皇来了一次间接的亲密接触。

移步东御苑，绿瓦白墙的日式建筑，或古朴或精致的庭园、风霜不改的天守台遗址及茶褐色的古老铜柱，也能让流连其间的你微微感受一下天潢贵胄的气息。若是幸运的话，正赶上天皇出巡，清一色的御用警车开路，训练有素、精神饱满的皇家骑士簇拥着华贵的皇室马车，车内天皇与皇后亲切地对着民众招手致意。场面壮观之余也别有一番亲切之感。

▲位于皇宫正门前的、古朴庄严的二重桥是游人最为青睐的游览观光地之一。

Chapter 1 ● 最日本、最烂漫、最名城

450米高空的邂逅

怀着满腔不舍，挥手作别天皇，在东京如蛛网迷宫般奇诡庞大的地铁系统中苦苦挣扎了半小时，终于来到了墨田区，见到了传说中"世界第一高"的自立式电波高塔晴空塔。

始建于2008年的晴空塔，通高634米，绝对是电波塔中的翘楚，就算是在世界高塔排行榜中，也仅次于阿联酋的迪拜塔，位居第二。继东京铁塔之后，别名"天空树"的晴空塔成了日本东京都新的地标之一，无论是在动漫、影视作品里，还是在现实中，它的人气都在节节攀升。

和仿埃菲尔铁塔建造的东京铁塔不同，单单就外观而言，淡淡的银色中带着几许青蓝，恍若绝美青花瓷般的晴空塔在碎碎的阳光下颇有几分来自未来科幻世界般的即视感。尤其是灯火阑珊的时候，塔身被一层绚烂的彩光渲染，清清浅浅的绿，浅浅淡淡的紫，淡淡雅雅的蓝白，色彩轮转着星光，精致典丽。七八月，浅草地区烟火盛会开幕时，站在几百米高的塔内展望台上，静静地欣赏将整个天空渲染得异样斑斓绮丽的烟花，自又是一番享受。

或乘坐电梯，或拾级而上，登临350米处的天望甲板，放眼望去，隅田川、东京铁塔、东京巨蛋等尽收眼底。巨蛋背后，那作为背景的摩天大楼更透露着一种灯火迷离中钢筋水泥铸就的繁华。

繁华过眼之后，喝一杯咖啡，缓步走上450米处的螺旋观景台，站在台上俯瞰整个东京，倏忽之间，颇有几分"一览众山小"的逸趣。

浅草芳菲：旧日的风华如梦

带着一身今昔的烟火气，邂逅浅草，在凋零于战火的城垣草木之间，那浓浓的江户情结似乎从不曾消泯。

浅草的核心是浅草寺。朱瓦红墙的庙宇在香火氤氲中走过了岁月变迁，素朴中带着几许辉煌的高大雷门上，硕大的白色灯笼在风中摇曳着历史的明光。门畔，风神与雷神左右护卫，形貌庄严，威风凛凛，气场十足。

雷门之后，两只巨大的草鞋和静静觅食的野鸽陡然将浅草的画风迅速带转，淡淡的乡土气和着暖暖的碎石步道，将宝藏门的古老流转，更煊赫了本堂的荣光。

本堂前，一尊巨大的香炉矗立，炉内香烟袅袅；龙王像旁，设有净手池。净手之后到求签处求一根签，若签文很好，自然皆大欢喜；纵使不好，也无须懊恼。堂前古树上，如丝带般悬挂着的全都是被嫌弃的"下签"。传说将签系在古树上，能逢凶化吉、遇难成祥。再将香炉内的烟往自己身上扇一些，是对健康的祈望。

本堂之内供奉的是圣观音，纯金铸造，彩绘素妆，淡雅中带着几许慈

和，眸光流转处，自映着五重塔的巍峨别样。

五重塔是浅草寺内一座五重高塔，造型奇特，古色古香，雕花的窗棂沐浴着佛光，塔顶供奉的舍利子据说是释迦牟尼的骨肉所化。

浅草寺对面是浅草商业街，漫步其间，各色商铺不一而足。和服、灯笼、木雕、扇面等纪念品琳琅满目，炸泥鳅、天妇罗、鸡素烧等江户时代的传统美食更时不时地诱惑着你的味蕾。

水晶城堡的星际迷途：东京迪士尼乐园

美餐之后，不妨移步到大腕云集的迪士尼乐园，去那里追忆似水的童年。

▲ 晴空塔

东京的晴空塔利落高耸的钢筋结构充满了未来感，同时也蕴含着"银蓝"配色的传统元素，看起来十分柔和。到了晚上，塔身的灯光在浅绿、淡紫之间变化，非常雅致。

被誉为"亚洲第一游乐园"的东京迪士尼乐园位于东京都的千叶县，建筑规模宏大，奇异瑰丽，是东京游不可不去的一站。

乐园正中心是充满了仙境梦幻气息的主城堡，尖尖的穹顶，斑斓的外墙，唯美中带着几许淡淡的童话气息，相传灰姑娘就是在这里坐着南瓜车邂逅了她的王子。

围绕着主城堡，世界集市、探险乐园、梦幻乐园、动物天地、卡通城、明

>> Look | 7

日乐园、西部乐园7个风格各异的绮丽世界竞相绽放着属于自己的风采。

徜徉探险乐园,坐上海盗船,一路劈风斩浪,在海盗冒险世界中可尽情挥洒成为"海贼王"的梦想。

明日乐园以星球大战为背景,采用全新的3D全息仿真技术,制造了一座"宇宙"。五十余种剧情随机乱入,置身其间,就仿佛漫游星际,于绚烂银河之中尽情追逐明日之梦,奇幻与科技色彩相当浓厚。

星际迷途之际,若胆量十足,不妨玩一下被誉为"宇宙过山车"的"太空车",坐在车内,星辰晃眼,深邃的星河奇幻绚烂,美得委实不可思议。

当然,若你实在不喜欢刺激,那么可以去梦幻乐园搭乘"小飞侠天空之旅"缆车追忆一下似水的童年,再在"小熊维尼猎蜜记"中彰显一下自己不凡的身手,接着去"米奇金牌音乐会"看看3D电影。

当夕阳沉落之时,直奔卡通城,在各色二次元人物的陪伴下观赏一下焰火表演或者夜间花车游行。数百万盏彩灯蜿蜒逶迤,如一条流动的时光缎带裹挟着梦幻而来,是那般清丽、那般迷离,在中央水晶城堡的辉映下愈显不真实。

绯红的浪漫

绚烂的焰火在水晶城堡上空交织出一段绮丽的公主梦,半梦半醒之余,邂逅上野,所有的梦幻便在现实之中具现而出。

上野公园是东京的地标之一,也是日本第一座公园,原为皇家园林,1924年被天皇御赐予东京市,所以也称"上野恩赐公园"。

幕府时代,上野公园曾是德川家的家庙所在地,古迹众多,历史的车轮在岁月之中将漆黑的馆舍与红艳艳的灯笼凝固。潋滟的水波之上,则有娇嫩的花枝垂落。每年4月,万物芳菲之时,上野的樱花渐次盛放,水波入云,樱花若霞,水光共樱色翩跹,一千三百余株染井吉野樱花更在淡淡的白中盛放了一曲绯红的浪漫。

樱花最绚烂的时候,整条樱花步道都仿佛笼罩在一片粉红色的天空之下,花香淡淡,人面妖娆,伴着几许翰墨气

▲ 东京迪士尼乐园

▲ 上野公园的烂漫樱花

息，令人久久难忘。

　　恋恋不舍地转身，眸底还有绯红的浪漫残留，台场的月光就在洁白如玉的彩虹桥上留下了一首爱情的清歌。待回眸，秋叶原的女仆咖啡馆中已办起了异次元的狂欢舞会，各种各样的"御宅"产品充斥了整个世界，以至原宿灯光下活力四射的热舞也显得有些黯然……

　　东京是一座繁华、绮丽、充满现代气息又神秘异常的城市，与它相关的符号实在是太多太多，喧嚣的涩谷、沧桑的明治神宫、宁静的东京湾、直入云霄的东京铁塔，风格各异，却都不可或缺，三鹰之森吉卜力美术馆更是动漫"御宅族"的终极幻想。

　　然而，东京的风光无限，我们行走在路上的时光却并非无穷，所以，当你踩着岁月的芳菲与东京邂逅之时，不要犹疑，尽情地将所有的美好镌刻在人生之中吧。

旅行·印象

氛围

　　东京人有很多讲究，最讲究的就是氛围，不拘格局，不拘季节，氛围与情调才是最重要的。东京的每一处都充满了氛围，各种"限定"、各种祭典、各种特色美食、各种日式小清新，唯当季当景当时，方为最佳。

去日本，这么近，那么美

京都，岚山的回眸

Kyoto

三十三间堂古境悠，琵琶湖上雾雨愁。京都，从来都是一个别样的地方。岚山之巅，樱语竹喃将层林尽染；祇园繁华，门外楼头，多少艺伎空叹怅惘；金阁寺内，香火浓情，氤氲的却是赏花之地独有的清新……

左京向左，右京向右，上京在中央，曾经的京都，墨香遗韵，清婉如画。

1868年迁都之前，地处关西盆地的京都一直是日本的首都兼政治、文化中心，历史深厚，寺庙、神社众多，被日本民众奉为"心灵故乡"。

走进京都，浓浓的日式风情便若潮汐一般席卷而至，随意掬一捧浪花，在啜饮艺术的甘芳之时，唇间又难免会留下一抹属于中国的味道。

▲ 岚山著名景点渡月桥

Look >>

京都原就是仿中国古都长安而建，城内建筑自然别具中国风情，街头巷陌，青布幡上仍能见到一个又一个汉字。午后，阳光晴好的时候，在锦市场吃一碗汤豆腐，顺带卷走一批京都名产，自也是题中之义。

当然了，邂逅京都，首先要拥抱的还是岚山。

潇潇雨雾迷蒙，一线阳光穿云出：岚山

京都是日本历史最悠久的城市，颇有盛唐古风，提到京都，平安神宫、伏见稻荷大社、清水寺、金阁寺、八坂神社、三十三间堂等人文古迹自然会第一时间就列入人们的行程表，但实际上，京都最美的地方，还是岚山。

自平安时代起，春日落樱飘如雪，盛夏竹叶盈如玉，秋高枫林红如火，冬来银装美如画的岚山便已是京都最迷人之地，闻名遐迩。

岚山不高，不足400米，不见巍峨，却多了几许清秀娇俏。潺潺绿水自保津峡的峡谷之中蜿蜒而下，湍然之间，急水如云；及至山脚，水势渐缓，碧波轻漾，恍若玉带翩跹。玉带之上，一桥横跨，名为"渡月"。

渡月桥是岚山的地标，也是岚山风景最优美的地方。154米的长桥远望古色古香，近观沉厚幽邃，钢筋水泥的结实骨架在微微有些裂隙的木质桥面及护栏的映衬下，颇有几分淡然的气质。

站在桥中央，环目四顾，岚山如黛、桂川蜿蜒，阵阵松涛萦耳，仿佛天上人间。尤其是春秋时节，樱花与红叶寥落之时，更平添几分秀气。岚山的野樱有五千余株，错落地分布于山间各处，樱花盛开之时，岚山便仿佛变成了粉色的海洋，花海怒涛，澎湃而精致。淡雅的香气恍若涟漪，随风轻绕鼻翼，身处其中，陶然如梦。及至天高云淡、秋意盎然之时，漫山的粉白为绯红遮盖，一圈圈、一片片、一环环，仿佛火烧云一般与岚山尚未褪去的黛色重叠，美得令人震撼。尤其是河畔的枫叶将那炫目的红慷慨地借给桂川时，随着水波激滟，如火的红色一点一点晕开，夕阳中，点点的红辉映着渡月，宛然绝色。

漫溯着水中红潮，一路向上，在半山，能见一片野宫竹编织的竹林。盛夏时节，挺拔的绿竹婆娑于风中，沙沙作响。与相爱的人一起漫步其间，竹香盈袖，和着南边不远处天龙寺的钟声，自有几许诗情。

天龙寺是岚山的肱骨，京都五大禅寺之首，既是寺庙，也是一座别致的造景庭园，每年来此祈求学业顺利的学子与家长不知凡几。

距天龙寺不远，就是嵯峨野岚山站，在这里搭乘嵯峨野浪漫小火车，一路到龟冈，再与一直值守在龟冈站的"狸猫家族成员"合影留念之后，去体验一把漂流，也是不错的选择。

Chapter 1 ● 最日本、最烂漫、最名城

>> Look | 11

寺庙深深深几许，别样遗迹

恍惚之间，自岚山的妍丽与秀美之中回神，错步走进金阁寺，在声声禅唱之中，那略略躁动的心也重新归于宁静。

京都曾被誉为"真正的日本"，是日式文化荟萃之地，仅世界文化遗产就足足有17处之多，而金阁寺，无论何时，都是个中翘楚。

始建于1397年的金阁寺原是第三代足利幕府的私家庭园，院内深深，碧草芳菲，镜湖池水清清，倒映着堂皇的金阁，非但玲珑精致，又别有一番"净土"的出尘气息。

或许是受了日本传统建筑风格的影响，金阁寺并不高，只有三层，本是住宅型架构，却将极乐之禅意、佛堂之庄严巧妙地融入了画栋雕梁之间。三层楼阁，三种不同风格，迥异之余，却又浑然一体。

第一层法水院，是典型的平安时代贵族风格；第二层潮音洞，则带着浓浓的镰仓风情，透过半敞的轩窗，依稀能看见堂内供奉的观音像；第三层为顶层，仿的是盛唐的四方佛堂造型。二层和三层的外墙及宝塔状的寺顶都以金箔覆盖。天气晴好时，阳光洒落，整座金

▲ 禅院

在京都，佛教的影响根深蒂固，古老而雅致的寺庙禅院数不胜数。

阁倍显辉煌，金阁寺之名，也由此而来。

镜湖池水映金阁，也是京都著名的景点之一，与清水的舞台、龙安的石、伏见稻荷的千鸟不相伯仲，各有千秋。

始建于778年的清水寺是京都历史最古远的寺院，建筑古雅，环境清幽。随求堂的"胎内步道"盛名于世，本堂内供奉着一座11面的千手观音立像，举世罕见；堂前不用一钉一铆，完全用巨型榉木柱并排支撑的悬造式清水舞台更是京都一绝。站在台上，可俯瞰山下的京都，视线所及，云蒸霞蔚、灯火万点，蔚为壮观。

龙安寺是京都最典型的禅宗庭园，庭园素朴简洁，一片渺渺的白沙地上，15块造型各异的石头盘踞，大小不一，棋布星罗，不富丽、不精致，却别有一番洗尽铅华、返璞归真的淡然之感。

掠过龙安寺嶙峋的檐角，远远地可见一点朱红，那是伏见稻荷大社。

伏见稻荷大社位于京都市南，是京都香火最旺的神社。神社内有不少狐狸雕像矗立。神社本堂之后，千余座朱红色的鸟居更是京都最亮丽的一道风景线。许多登临稻荷的游客，心心念念的便是山间小径旁这一座座或古色斑驳或光鲜亮丽或轩敞大气或小巧清婉的鸟居。

除了这些著名的寺庙与神社，京都的街头巷陌之间还隐藏着大大小小上千座寺庙，有的大隐于市，有的怡然独立，虽非盛名煊赫，却自有一种暮鼓晨钟间的沧桑古韵。

蛾眉微蹙，袅袅花见：祇园

京都怀古自是有一种天然的文艺范儿，但怀古之余，到祇园去邂逅一场风花雪月却也是一番与众不同的体验。

去日本，这么近，那么美

祇园虽然以园为名，却不是园林，而是八坂神社前、鸭川到东大路通之间的四条通沿街，是京都最有名的艺伎区。

天光正好的时候，和心爱的人携手到祇园的八坂神社总本社去求一枚心形的绘马，委实是一件浪漫的事情。夕阳沉落时，拥抱着黄昏，与花见小路上盛装的艺伎擦肩，更是一段倾城之恋的完美注脚。

在日本，艺伎是一种文化，只不过这种文化在时代的车轮之下渐渐有些没落。所以，能够在某个不经意的角落，与一两个蛾眉微蹙、顾盼神飞、樱唇半点、雪肤花貌、多才多艺的艺伎相遇，着实是一件幸运的事情。

花见小路是祇园人气最高的地方，也是最容易与艺伎偶遇的地方。

当然，若你希冀的是偶遇的浪漫，黄昏时等在花见小路旁或者祇园角都是不错的选择。

祇园角是传统的艺能剧场，每日傍晚都会有两场艺能演出，演出内容不一，有京舞、花道、雅乐、文乐，也有琴、茶道、狂言等。相比于白石铺砌的花见小路上竹篱红墙之中翩然而舞的艺伎，这里的艺伎更有一种清高自诩的气质。每年7月祇园祭开始的时候，花见小路上亮红色的灯笼与祇园角复古的昏黄相辉映，伴着炫彩的花车上绵延的笛声与鼓点，更是风华别样。

笛声悠扬，人心思变，彼时去街旁的变装店铺，戴上发套、头饰，穿上印有古典花纹的生绢和服，围

▲ 在祇园行走的日本艺伎

14 | Look >>

上腰带，摇身一变成了一名艺伎；莲步款款，在古意盎然的街道上徐行，一边观景，一边拍照，纵使没有细雨斜阳油纸伞，也自有一番清新复古的味道。

琵琶春绿莲华舞：琵琶湖&莲华王院

清新也是一种风致，褪去艺伎的荣光，走出祇园，这悠然的风致依旧不散。当此之时，泛舟琵琶，自是逸趣满满。

位于京都旁滋贺县的琵琶湖是京都的"生命之湖"，在重览了水色山光后，更将良辰美景汇集于此。

烟雨迷蒙时，点点涟漪荡漾着婉约；夕阳斜照时，一湖碧水剪裁着星河；初雪飘落时，皎皎的月光流泻着温情；草长莺飞时，满池春绿为湖面上大大小小的岛屿镶上了一层翠色，潺潺的水流叮咚着大珠小珠落玉盘的清歌，绮美异常。也难怪当年的紫式部只是匆匆一览，便于湖光山色中沉浸，灵感如潮，铸就了那千古名篇《源氏物语》。

追寻着源氏的清辉，挥一挥衣袖，作别琵琶湖，悠然之间，莲华王院已然在望。

莲华王院是天台宗寺院，京都佛教古迹，以进深17米、南北蜿蜒120米、由34根立柱分隔为33个隔间的三十三间堂为正殿。三十三间堂是日本国宝级的古建筑之一，建筑古朴，雅俗共赏。殿中央供奉着一尊木造的千手千眼观音像，高3.3米，妙法莲台，璎珞低垂，宝相庄严。木造观音两侧，呈雁翅状，分别陈列着500尊约1.7米高的观音立像，金装彩绘，华美无比，一眼望去，震撼无比。主佛像后，走廊两端还立着28尊正神及风雷二神的塑像，人物栩栩，巧夺天工，委实珍罕异常。

邂逅正殿之后，还可以去莲华王院的其他地方逛逛，深深的庭园中，造景相当别致，十步一芳菲，静谧中带着几许优雅的味道。午后榕荫，在院内的抄经台上免费抄写几页佛经，或者去求签处求根签，沐浴着佛光，整个人都有一种澄澈通明的感觉。

走出莲华王院，若还觉得不过瘾，不妨去银阁寺、东福寺、琉璃光院、二条城再逛逛，然后到锦市场或者鸭川畔吃上一桌素斋，才算是圆满。

最日本，最烂漫，最名城，墨香遗韵的京都从来都清婉如画，社寺蜿蜒的是浓情，岚山俯瞰的是秀色，相映相宜，交织的自然是天上人间罕有的景色。

旅行·印象
京都葵祭

葵祭是京都三大祭典之一，与祇园祭、时代祭齐名。每年5月15日，为谢神恩，人们会身着平安时代古装，将向日葵系在牛车之上从京都御所出发，去上贺茂神社参拜。

Chapter 1 ● 最日本、最烂漫、最名城

▲ 神户港灯塔始建于1963年，高度为108米，柔和的线条勾勒出灯塔优美的身姿，是神户市的地标性建筑。

 *Kobe*

神户
影落话六甲，西海潮生有异人

斑驳的光影中南京町的繁华依旧，浓绿的树荫下异人馆仍低吟着中世纪的传说，云蒸霞蔚的温泉翩跹着六甲山"百万美元金不换"的夜景，不知不觉间，明石也成了云端的妩媚。走进神户，明媚之间，宛然如梦。

神户，西枕六甲山，面向大阪湾，背山面海，风景优美，又因近畿之故，经济繁华，贸易昌荣，是日本著名的国际贸易港口。

1995年，阪神大地震，作为兵库县首府的神户市受灾严重。然而经过多年的重建，如今的神户却也脱胎换骨，不仅入选福布斯"世界最清洁的25座城市"榜单，还在"世界宜居城市"金榜中位列第五。

和其他海滨城市一样，神户的空气中也弥漫着一股淡淡的海之气息。漫步神户街头，无论是那在岁月中斑驳的西洋古建筑，还是在霓虹中喧嚣难掩的现代化商业街，抑或是街边的薰衣草小店内的萨摩陶瓷，自然而然地都带着一股"浪漫之都"的甜美气息。

摩天轮上的融融日光：神户港

▲ 马赛克步行街上的鞋店

肇始于1868年的神户港是神户的地标之一，沧桑几经，葱茏的繁华中却仍带着几许明治时代独有的异国风情。午后，沐浴着融融的日光，在海边悠然漫步，缀饰着金色的碧蓝海涛静静地拍打着银白的沙滩，或豪华或素朴或庞然或逼仄的船只拢作一处；略显羞涩的沙鸥斜掠过水天深处，回眸时，却对那一峰插天般耀目的红流露出毫不掩饰的深情。

曲线优美、峻拔出尘、氤氲着海神灵气的神户港灯塔也的确是耀眼的。亮红色的塔身，流畅雅淡的线条，衬以碧海蓝天，原就是一道不容错过的风景。尤其是站在91米高的塔中展望台上，俯瞰神户港天然的妩媚，更是别有一番风致。

只不过，这抹风致从来都不属于晴空，不属于沙鸥，不属于你我，而只属于那多年来一直默默将它守望的伊人——神户海洋博物馆。

博物馆不大，造型却很独特，似一朵灵动的浪花，如玉的洁白中带着淡淡的海蓝。夜幕降临时，柔和的灯光更将这抹淡淡的蓝渲染得分外生动。博物馆内陈列着诸多珍贵的船只模型，古今都有，特别是那以超导电磁为动力、有未来风范的"大和一号"更是不容错过。

当然，相比于"大和一号"的"内秀"，临海乐园那张扬亮丽的马赛克摩天轮无疑更夺人眼球。

花费800日元，和相爱的人一起坐上摩天轮，以360度全视角俯瞰整个神户，刺激之余，也甜蜜满满。尤其是新月初升、万家灯火齐明的时候，浪花倒映着

>> Look | 17

星光，星光牵引着灯火，一片斑斓之中，更显梦幻。

从夜景斑斓中转身，挽着爱人的手，一起走进马赛克花园畔的红砖仓库群，徜徉于温馨的异国情调里，安然享受一顿烛光晚餐；之后，再漫步到海边的"恋人圣地"，合影留念之后，将相片当作明信片塞进"爱的邮箱"寄给自己，倒真是一件浪漫而有趣的事情。

暖暖时光中的"金银之汤"：有马温泉

情到浓时，方觉缱绻，将爱情打包投递给自己之后，倒不妨转道有马，体味一下另一种浪漫。

有马是神户北部的一个小镇，距离神户驱车要40分钟，繁华中带着几许古老的宁静，是日本著名的温泉乡，闻名遐迩的有马温泉便"宅"在这里。

被誉为"关西内客厅"的有马在公元8世纪时就已经是日本著名的温泉疗养胜地，无论是天潢贵胄、王公重臣，还是文人墨客、武士僧侣，都对氤氲着沉静味道的它钟爱有加。

相传，神明在三乌鸦的指引下寻到了有马，因此，有马蒸腾的雾霭中也总带着几许神话般的优雅与从容。岁月静好时，这份淡淡的从容在水云之中化开，渐渐地便晕出了一片五彩斑斓，其中又以"金银"最为耀眼。

"金之汤"属铁盐泉，平均水温高于90℃，呈现铁锈一般的红色，对神经疾病有很好的疗养效果；"银之汤"是碳酸性放射泉，泉水清澈，无色透明，水温通常在50℃上下，泉中富含微量粒子镭，在疗养肠胃方面效果极好。

除了"金银之汤"，有马大大小小的温泉还有无数，且都独具特色。漫步有马温泉街，那暖暖的诱惑，无论是谁，都无法抗拒。尤其是温泉街上那一家家极具怀旧风情的温泉旅馆，边边角角都裹挟着往昔的时光。回廊转角古色古香的木架、大厅内昏黄中古趣明灭的磨砂灯、门侧繁复精美的纸花，汤房内简洁的插花，飘着青烟的黄铜香炉，无一不与滚滚的汤泉相映成趣。

泡在温温的泉水中，遥看远山秀色，水汽和着天光，在天花板上散成一抹流云，衬着窗外碧草、池畔流泉，及街上匆匆的行人和墙角慵懒的大花猫，自又是一幅盛世悠闲的画卷。如此这般，也难怪当年丰臣秀吉对有马爱得痴狂。

六甲山上的田园牧歌：六甲山牧场

享受温泉之后，一夜安然，次日清晨，伴着晨曦从甜梦中醒来，与朝霞做伴，邂逅六甲山，委实是个不错的选择。

六甲山是日本有名的观光胜地，以夜景、动植物及高山牧场闻名遐迩。

入夜时分，站在六甲山山顶，俯瞰整个神户，绵延的海岸线在夜色与星

▲ 作为日本著名的旅游胜地，六甲山以美丽的动植物、迷人的夜景以及人与自然的和谐关系而著称。

光中轮转着彩色的斑斓；星星点点的灯火，绚烂的摩天大楼，川流如织的车流，恍若珠玉，于错落之中串联成了一幅绝美的织锦，流光溢彩中自带一股天成的明媚，绝对是"百万美元金不换"。

然夜景再美，却也不是六甲山本身的芳菲。一年四季皆轮转着不同色彩的六甲山最骄傲的其实还是它本身，是它苍苍莽莽、碧草如茵、一望无垠的高山牧场。蔚蓝的天空，白白的云朵，橘色的阳光，不知不觉间便将一地的翠绿用星星点点的繁花剪裁成了一幅幅精美的画。

雪白的绵羊总是心不在焉地啃食着碧草；"欢脱"的小马琥珀色的眼眸在风中流溢着浓烈的好奇；黑白花的乳牛懒洋洋地在山坡上晒着太阳；摇晃着小尾巴前前后后左左右右不断卖萌的吉娃娃最终却在喵星人那一声悠长的"喵——"声中低头耷脑宣告惨败，自动自觉地去一旁守着五颜六色的花卉，和几只蝴蝶一起画起了圈圈。此情此景，恍然如画，置身其间，无论是孩子气地追风捕蝶，还是好奇地和小马小羊来次亲密接触，抑或随性地躺在草地上闻闻青草香，总难免感叹一句"此间风景独好"。

街边巷角，浪漫别样：南京町

转身，作别六甲山，鼻间萦绕的草香更加重了腹中的饥饿感。彼时，拥抱南京町就成了最美好的一件事。

南京町位于神户中央区元町与荣町之间，东西狭长，南北蜿蜒，是日本三大中华街之一，与横滨中华街、长崎新地中华街齐名。140年沧桑过隙，南京町的风华却丝毫未减，洋溢着红、黄、蓝、金、绿五色，极具中国风的建筑鳞次栉比，那一盏盏悬挂于檐下的大红灯笼更让人倍觉亲切。若春节时来这里，无论是谁，都会为那浓浓的年味渲染，忍不住便热泪盈眶。町上那百余家地道的料理店更是能在不知不觉间让身在异国的你我体味一把"家乡的味道"。

北野的荣光：异人馆

若中华料理无法满足你猎奇的愿望，去最热闹的三宫喝杯咖啡、尝尝西式糕点，或者去潮出了新高度的元町和红男绿女们一起就着神户牛肉畅饮滩之

Chapter 1 最日本、最烂漫、最名城

>> Look | 19

去日本，这么近，那么美

▲ 北野异人馆
在北野异人馆可以体验到异国风情的文化与历史，是神户极具特色的观光景点。

酒，也是不错的选择。大快朵颐之后，行至北野，来一次异人馆巡礼，更是绝妙。

自明治时代至今，北野一直都是神户名埠，常有来自异域的外国人流连。于是，一座座充满了异国情调的"异人馆"也便如雨后春笋般拔地而起。尤其是20世纪60年代，神户港扩建之后，这股欧陆风更是愈刮愈盛。

如今，在北野，异人馆多达三十余座，其中最著名的当属风见鸡馆和萌黄馆。

风见鸡馆是德国商人G.托马斯于1909年在北野修建的，是北野异人馆中最具代表性的建筑。红砖垒砌的外墙古朴中带着一抹赤色的妩媚，恍若朱砂；三角形的屋顶于传统的日式风情中蜿蜒着一抹曲线的几何美。屋顶优雅矗立的风见鸡在浓浓翠色中更平添几许原始的纯美。馆内装饰豪华，富丽大气，诸般陈设在岁月的冲刷下都带着天然的雍容，且价值不菲。

距风见鸡馆不远，有一抹翠色于满天的明媚之中延展，这是萌黄馆。

萌黄馆比风见鸡馆还要古老一些，始建于1903年，原是美国驻神户领事馆总领事亨特·夏普氏的私人别墅。不同于风见鸡馆的雍容，萌黄馆自带着一股

20 | Look >>

清新淡雅的风致，淡绿色的外墙，方正中隐蕴着玲珑的外观，独具一格的田园风装饰，都给萌黄馆蒙上了一层出尘的清丽。站在馆内二楼南侧的走廊上，还能眺望整个神户湾，神户港峻拔的红色灯塔与萌黄馆的朴素相辉映，自有一种静谧辽远的感觉轻轻弥漫。

除了风见鸡馆和萌黄馆，北野其他的异人馆也都风情别样：洋溢着浓厚北欧气息的丹麦馆，典丽如郁金香般的荷兰馆，流淌着音乐之章的奥地利馆，造型奇特的鱼鳞之家……若有闲暇，不妨多逛几处，穿梭于不同的西洋风情之中，体会一番岁月静好，也是一次美好的体验。

斜阳下的那抹淡蓝：明石海峡大桥

逛完充满了西洋风情的异人馆，离开北野，遥望神户，那抹淡蓝色的身影不觉便已在眸中凝固。

始建于1988年的明石海峡大桥位于神户市与淡路岛之间，是世界上最长的吊桥，也是世界上跨度最大的悬索桥。淡蓝色的桥身在阳光的照耀下仿佛一道横架在海上的蓝虹，千堆卷雪之时，倍显壮美。

大桥桥高298米，双侧桥塔巍峨奇巧，恍若埃菲尔铁塔。夜幕低垂时，桥身与塔身上的两千多盏彩灯同时亮起，以28种不同的方式缓缓将万紫千红的璀璨与海中的夜色交融，如梦似幻，迷离

▲ 明石海峡大桥具有极强的抗震性，1995年的阪神大地震的震中距离大桥只有4千米，但大桥只发生了轻微的位移。

瑰丽。尤其是清晨的第一抹光辉刺破地平线的时候，站在桥上，遥望海天，浓厚绮丽的云海与波光粼粼、橘蓝相映的大海交织，更显唯美。

桥畔的明石公园算不上倾城，但每年郁金香盛开的日子，浓浓的花香与碧水中游弋的白鸟互相点缀，也自有一番秀色。此外，旧居留地、生田神社、舞子公园等在神户也是值得一观的风景。

神户很大，也很小，方寸之间，明媚辗转，宛若梦境。而梦境的芳菲如何，情深几许，唯有等待身处其间的你自己去探索、去发现、去追寻、去邂逅、去怀恋、去怅望、去铭刻了。

旅行·印象
神户牛肉

牛肉是神户的特产，神户牛肉也是日本的美食地标。来到神户，无论如何，一定要品尝下神户牛肉，元祖铁板牛排、神户牛八坐都是不错的牛肉料理店。

去日本，这么近，那么美

➤ Yokohama
横滨，山下的"女王"

初见横滨，总觉山下的温暖中氤氲着一股青色的冷艳，女王塔的清华也难免被未来21世纪港的霓虹染上一抹妖娆；但当盛夏流炎，八景海岛上一丛丛、一簇簇的紫阳花用婀娜将晴空渲染，整个横滨，便也只有那一抹醇和的彩色惊艳。

横滨，是日本第三大城市，也是国际闻名的外贸港口，位于日本本州岛关东平原南部，东滨东京湾，南北分别与横须贺、川崎等市接壤，是日本的政令指定都市之一。虽矿产及自然资源相对贫瘠，但交通与旅游业却分外发达，依托东京，别有一番繁华盛景。

《光之美少女》中的未来21世纪港、红砖仓库；《柯南剧场版10：侦探们的镇魂歌》中的横滨港、"冰川丸"号；《毕业生》中的中华街、山下公园等都是横滨不容错过的标志性景观，尤其是横滨港畔的山下公园，更堪称绝色。

▼ 横滨港是日本第二大港口，从远处眺望，穿梭往来的白色邮轮就像点点白帆点缀在蔚蓝的海面上，生机勃勃。

▲ 山下公园中的雕塑

亲爱的，一起去山下看"女王"吧！

山下公园，虽以山为名，却是一座海滨公园。公园面积不大，却清秀妍丽，旖旎异常。一块块或明艳或精致或素朴或繁复的花砖蜿蜒成一条又一条宁静的步道，午后浓荫，漫步其中，享受一番甜美的宁静，自也不负这美好时光。尤其是秋日，虬结苍古的银杏树用日光将满枝的叶片淋成了满地琉璃般的金黄，踩着厚厚的落叶，一路前行，金色的光晕勾勒着夕阳的剪影，寥落之中愈有几分宁静之美。

银杏步道旁错落地分布着不少纪念碑和雕塑，其中又以海鸥的水兵先生纪念碑、红鞋女孩雕像、水的守护神雕像最具风情，尤其是"红鞋女孩"脚下那双红得稚嫩却又热烈的小巧红鞋就仿佛是两片火烧云般在历史的河川旁将"冰川丸"号遥望。

曾被誉为"太平洋女王"的"冰川丸"号邮轮，虽然在1960年就已"退役"，但多年来却仍以"观光纪念船"的名义停泊在山下公园的码头中，用那饱经沉浮的洁白诉说着一段又一段太平洋上的传说；细雨斜阳、黄昏静好之时，还会与毗邻的山下灯塔一起眺望东京湾的繁华。然而，即便山下灯塔高达32米，号称世界上最高的十角形灯塔，却也无法和"冰川丸"号比肩。因为，横滨港畔，那氤氲着一抹青绿的女王塔（Queen Tower）才是真正的"女王"。

横滨是一座港口城市，依托横滨港

>> Look | 23

去日本，这么近，那么美

▲ 女王塔的塔顶为有着伊斯兰寺院式异国风味的青绿色圆顶，而且建筑物本身较为纤细，给人一种亭亭玉立的印象。

而沿传至今，许多极富历史风情的建筑遗迹全都环横滨港而建，其中最著名的便是横滨三塔：女王塔、杰克塔（Jack Tower）和国王塔（King Tower）。

女王塔，亦即横滨海关大楼，是一座洋溢着浓厚异国情趣的海滨古建筑，那青绿色的带着伊斯兰风格的圆顶在横滨自是当之无愧的地标。晨曦初露时，水雾弥漫，一艘艘远行的航船总会循着"女王"那被黛色剪裁的身影归航；夜幕降临时，海上灯火阑珊，滚滚的潮汐翻卷着细腻的雪浪，点点渔火映着集装箱的橙红，则倍显婀娜。

杰克塔，即横滨开港纪念会馆，是一座极具西洋风情的红砖建筑，高35米，黑瓦红墙，墙身上有均匀的白色环纹蜿蜒，顶部有钟表塔矗立，纤美秀丽。天气晴好时，衬以明蓝色的天穹，额外亮丽。

国王塔，即神奈川县厅本厅，是一座五层的石砌建筑，外形古朴，敦实厚重，一座高9层、48.6米的塔楼矗立在长方形的主建筑之上，形似皇冠，自有一股低调的华美扑面。

站在女王塔顶层，近可观横滨夜色，远可眺富士芝樱。迷离灯火下，萦绕着清歌的红砖仓库更添妖娆。

地标大厦的太空迷情：未来21世纪港

红砖仓库群，是横滨最别致的建筑，也是横滨旧日一道最生动的符号。

2002年，古老的红砖仓库得到了全面改造，怀旧的温馨不减，文艺的味道依然，却又多了几许欢乐的清新与时尚。

沉淀了厚重历史的1号仓库以博物馆、纪念馆的方式向南来北往的人们展示着横滨曾经的煊赫与繁华；2号仓库则与时俱进，披上光鲜的外衣，弄潮今朝。一家家时装店、杂货店、美食店，张扬的不仅仅是"血拼"的乐趣，还有落日斜阳中凝固的美好时光。这份时光，对邂逅未来21世纪港的你我而言，原就终生难忘。

未来21世纪港，又名"港未来21区"，是一片以临海造船基地为蓝本改建的繁华港区，整个港区代表着横滨人面向21世纪的未来梦想。这里，会展中心、美术馆、音乐厅、酒店、游乐园等应有尽有。既有带着淡淡墨香的红砖仓库，又有充满迷幻色彩的太空世界，一脊插天的地标大厦更是一枝独秀。

Cosmo World太空世界中，高112.5米的"宇宙之钟21"摩天轮轮转着横滨蔚蓝色的畅想；世界上规模最大的急流飞舟"Greef.drop"和首部于水下翱翔的云霄飞车"Punin"更能满足你关于未来的所有奇幻想象。

高296米的地标大厦不仅是日本最高的超高层大厦，还是横滨最耀目的一道风景线。5层的购物中心汇集了多家横滨百年老店；通往69层空中花园的电梯号称日本最快的电梯；花园展望台中晶莹剔透的玻璃幕墙呈360度扩展着我们的视角。微微垂首，不仅流金的未来21世纪港跃然眼底，如织的行人在繁华中逆流成河，竣工于1896年的古老船坞更用长满青苔的石头唱响了一支沧桑的船歌。

拉面馆VS.八景岛

在悠扬的石坞船歌中，作别未来21世纪港，到拉面博物馆去吃上一碗热腾腾的拉面委实是个不错的选择。

不同于港区的繁华张扬，拉面博物馆及其周边地带总氤氲着一抹含蓄的内秀。三层的博物馆外表并不张扬，甚至十分朴素。地上一层的展示区，图文并茂地详细介绍了拉面的历史渊源、发展过程、制作方法等知识；地下一层和二层则相当复古，汇集了包括九家特色拉面店在内的诸多店铺。灰扑扑的水泥外墙镶嵌着沧桑，巨幅的旧电影海报映着灯火，略显破旧的小木屋中飘荡着面香；小巧古致的电话亭旁侦探事务所的招牌张扬；杂货店的阳台上，仍有水珠滴落的衣衫和着日光飘摇，扮成警察的

>> Look | 25

工作人员笑眯眯地将亲切的问候送上；带着浓厚昭和特色的市井风情俨然扑面。

9家拉面店，更是荟萃了日本拉面文化全部的精髓，南至九州、北至北海道的各色拉面应有尽有。豚骨拉面、味噌拉面鲜香难忘，以鱼贝浓汤为汤头的海鲜拉面更令人惊叹。饱餐之余，打包自然没商量。

循着写有"未来"的楼梯，重新回到现实之中，与其为圆鼓鼓的肚子犯愁，倒不如去面包超人博物馆逛上一圈，既能消食，又能在各色各样充满了萌萌卡通色彩的面包超人之中寻回已逝的童年野趣。滑梯、沙堆、蹦蹦床自然只能供小朋友们玩耍，但在"柳濑松剧场"内纵情地高歌一曲也足以令我们"老"怀安慰了。

当然，安慰之余，啃着红豆面包，奔向八景岛自也是题中之义。

八景岛是一座占地4万平方米的人工岛，隔海与横滨市区相望，岛上不仅有着日本最大的海洋馆，还有着一片煊赫了整个盛夏的紫阳花海。每逢盛夏，八景海岛乐园中那两万多株绣球般的紫阳花就会一团团、一簇簇地渐次盛放，墨绿色的花萼，衬托着嫩白的花心，红的、白的、紫的、黄的、蓝的、绿的，各种颜色的花瓣将一树妩媚抖落，点点滴滴，恍惚间便汇成了一片彩色的烂漫，流连其间，自然惊艳。

袅娜着时光的三溪秀色：三溪园

自紫阳花烂漫的彩色梦幻中醒来，凝眸处，望见的是三溪那满园的秀色。

三溪园是横滨著名的恋人圣地，原为横滨巨擘原三溪先生的私人

◀日式拉面

▲ 每逢周末或节假日，横滨中华街都是人流不断，顾客盈门。每到夜晚，街灯、霓虹灯、店铺的照明灯等齐放光彩，将这里装扮得一片辉煌。

宅邸，庭院深深，别具日式风情，被誉为"园中佳丽"。

　　灯明寺的灰墙褐瓦巍峨着三重塔的隽秀，林洞庵的茶乡流转着东庆寺的佛光，合掌造倾斜的檐角蜿蜒着横笛庵的草庐和田园风光，古色古香的鹤翔阁在芳草萋萋中则尽显旧日堂皇。

　　三溪赏花是横滨的一大妙趣，春日临春阁内赏樱花，秋日松风阁内观红叶，冬日静静地伫立在抄手回廊边，看数枝红梅凌寒独放，自是一番秀色可餐。

　　离了三溪园，以气宇轩昂的牌坊为路标，无须辗转，被林林总总的各式铺面环围的中华街就已在望。中华街上，或精致或粗犷或传统或现代的店铺有五百余家，其中，有五分之二是料理店，上海、北京、四川、潮汕等各地美食荟萃于此。于老饕而言，这里委实就是梦想乡。而于行走在路上的你我而言，横滨则是一个永远都不愿与之说再见的地方。

　　潺潺水流东，花开半夏，七月芳菲，撷一朵紫阳花，邂逅山下的"女王"，邂逅横滨，如斯浪漫，谁人可拒？

旅行·印象
皇家之翼

　　皇家之翼，是横滨人气最旺的一艘人气观光邮轮。乘坐邮轮，不仅能一览红砖仓库、未来21世纪港、地标大厦等景点的绝美风情，还能在夜色中尽享横滨美食。

Chapter 1　最日本、最烂漫、最名城

>> Look ｜ 27

日本的符号
和服

在日本总能看到身着剪裁得体、花色各异的和服的女子，她们莲步轻移，眉目低垂，踩着木屐碎步而行，说不尽的曼妙婀娜，如风中杨柳。和服将女性的娇柔气质衬托得淋漓尽致，让所有爱美的女性不由得心生向往。作为日本文化的代表之一，和服就这样深深地植根于人们的心中。

● 和服与唐装

细心的人会发现，和服那宽袍大袖的款式与中国古代的服装颇为神似。那正是中国传统服饰流传到日本，影响了日本服饰，并不断发展的结果。因日本自称"大和民族"，故民族服装被称为"和服"。和服吸收了中国汉服——唐装的特点，最终发展成为摆长过膝、袖口宽大的"长丈小袖"，确立了和服的基本样式。经过千余年的发展，和服花色式样繁多，不断地推陈出新，变化万千。你可以把它当成一件普通的日本民族服饰，也可以看成是一件精美细腻的艺术品，日本民族将他们对艺术的感觉全在其中表现出来。

● 和服的种类

和服多种多样，分为单衣、夹衣、外袍和内袍等种类。和服衣领左右交压，下摆长及脚踝，上下都没有衣扣固定，腰间系着宽大的腰带。男款一般都是用黑、褐、

▲ 和服将女性的娇柔气质装扮得淋漓尽致，让所有爱美的女性不由得心生向往。

蓝等深色布料，肃穆大气，构造简单。相比之下，女款和服则复杂许多，通常以柔软的丝绸为面料，色彩艳丽缤纷，花纹图案繁复细致，辅以饰物装点，更为美观。最吸引人的莫过于腰带部分。腰带质地为织花或者绣花的绸缎，单条织造，不经裁剪，系在腰间，在背后打结，就连打结的手法都极为考究，细分起来有两百多种样式。腰带后部还有一块垫衬，用来撑住腰带的褶饰，于细微处面面俱到。

● 独特裁剪

与其他服装相比，和服的一大特点就是平面裁剪，并不刻意讲究曲线的勾勒，而是完全以直线营造美感。如将一身和服平铺开，是一个完整的长方形，但经过巧妙地穿着，就变成了一件合体的衣服，减少了量体裁衣的局限性，就算是对自己身材没有自信的女性，也能将它穿得漂漂亮亮。虽然直筒状的和服不能展现人体曲线之美，但烘托出了一种端庄、稳重、文雅之美，另有一种风情蕴含其中，也符合日本人内敛含蓄的气质。

▲ 布袜、木屐与和服来搭配，古典韵味十足。

● 穿着场合

日本人对和服的穿着也很重视，不同的场合、时间、职业、年龄，都有不同的和服款式来搭配，加上布袜木屐，古典韵味十足。此外，女性还要根据和服种类梳理不同的发型，穿戴起来一丝不苟，如艺术品一样精益求精。由于规矩众多，在日本甚至还有专门教人如何穿着和服的"教室"，以免民众在日常穿着中出错，破坏服饰礼仪。重大的节日或婚礼等郑重喜庆的场合，日本人总是会换上和服，以示重视。

身着和服，撑一柄素雅的油纸伞，赏樱踏青，华服美景相映成趣。一个优雅的转身，裙裾轻摆处，便是万种风情。

▲ 和服讲究平面裁剪，并不追求曲线的勾勒，而完全以直线营造美感。

>> Look | 29

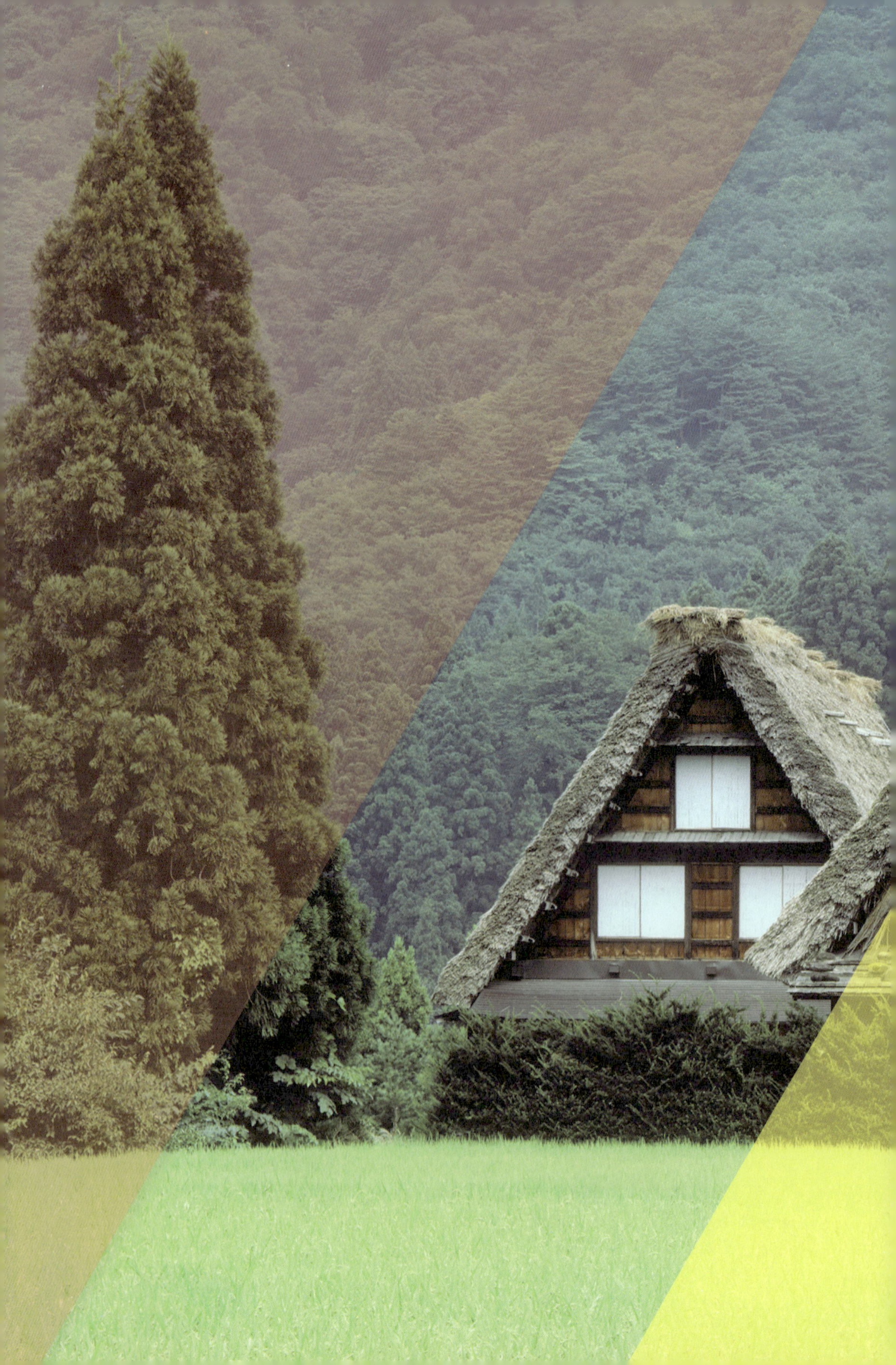

Chapter 2

流淌**在岁月中的墨香**

Osaka

决战**大阪**之颠，哈利·波特VS.四天王

细雨斜阳，水世界畔哈利·波特用魔法杖垂落了月光；上方浮世绘描摹着心斋桥的繁华，道顿堀的青苔则连着四天王的佛光；大阪的盛世张扬着西之丸的粉白，天保山的蓝天纯美别样……大阪，绝美如斯，原是应当。

大阪环球影城

大阪，日本三都之一，位于本州岛西南、大阪湾东北岸，濒濑户内海，为大阪府首府，日本经济、文化、贸易中心。史上曾有多个王朝在此建都，古都奈良更倚其为门户。丰臣时代，丰臣秀吉筑大阪城，大阪千年的繁华就此开始。

漫步大阪，街头巷陌本就是一种风景。一栋栋夹杂在绿树红花之中的小楼氤氲着历史的芳菲，一缕缕大阪烧的浓香映衬着道顿堀的繁华，轩敞的街道灯红酒绿中舞动着浓浓的乡土气息，樱树枝头嫩黄的新芽则张扬着活力四射的青春乐章。

哈利·波特的魔幻星光：环球影城

大阪是一座多情的城市，环球影城则是大阪最多情的地方。

环球影城是一座大型主题乐园，以诸多的好莱坞巨制为蓝本，在现实与梦幻之间完美地架起了一座镜像般的空间。好莱坞区、旧金山区、水世界、亲善村、侏罗纪公园、哈利·波特魔法世界、环球奇境"七雄鼎立"，不一样的风格，不一样的奇幻，不一样的刺激惊险，流转的却是一样的迷离、同等的绚丽、无差别的美好时光。

哈利·波特魔法世界是环球影城的核心，也是整个环球影城景色最瑰丽的地方。

站在如茵的草坪上，遥遥望去，霍格沃茨城堡仿若屹立在云端，巍峨壮丽。类似哥特式的尖顶，奇幻中带着几许神秘的古堡，古堡窗边婀娜的紫藤在阳光下时时闪烁着七彩的光晕。

推开古堡厚重威严的城门，走进霍格沃茨，就仿佛走进了另外一方天地。

穿行在魔法学校的教室与走廊间，伴着自己的脚步声，一场魔法世界的禁忌之旅就此拉开帷幕："邓布利多的校长室""黑魔法防御术教室""有求必应屋""格兰芬多休息室"等电影中的场景一一以3D技术在现实中超真实地具现。恍惚之间，便已沉浸，直到飘浮在空中的"分类帽"得意扬扬地将你唤醒，你才惊觉原来自己面前出现的肖像画上那胖胖的女巫真的在动。

当"会动的肖像画"成为你的"聊友"，她会告诉你，鹰马飞车即将起航。

Chapter 2 ● 流淌在岁月中的墨香

>> Look | 33

牵着心爱之人的手,撒腿狂奔,在飞车即将在天际划出一条漂亮的云线之际,坐上飞车,与魔法世界呆萌又威武的"神兽"鹰马一同翱翔蓝天,俯瞰一望无垠的田野、金色的南瓜田。兴致来了,在海格朴素的小木屋上空盘旋两圈也不是不可以;当然,前提是我们魁梧的"海格先生"不在家。

走下飞车,循着抑扬顿挫的音乐声,来到魔法广场上,便能看到一个又一个霍格沃茨的"魔法学徒"。他们或三五成群,或踽踽独行,或齐声合唱,或轰轰烈烈地打着对抗赛。幻身咒、火焰熊熊、荧光闪烁、移形换影、瓦迪瓦西、禁锢术、盔甲护身术等魔法不时闪现,绚丽神秘。

玩累了,你还可以去三根扫帚酒吧或者猪头酒吧痛痛快快地喝上一杯不含任何酒精的奶油啤酒,吃上几块魔法世界特有的小点心。之后去"蜂蜜公爵""奥利凡德魔杖商店""费尔奇没收物品商店"里淘淘宝,说不定,运气好的你就能淘到一两件"整蛊神器"。

依依不舍地离开魔法世界之后,凭着手里的神奇"入场券",你还可以自由自在地在其他电影世界中穿梭。去好莱坞坐坐倒着开的音乐过山车;去纽约区与蜘蛛侠来一次浪漫的空中邂逅;泛舟侏罗纪公园,在郁郁葱葱的热带雨林中与各种各样的恐龙来一次狂欢,抑或搭乘必须俯卧乘坐的飞天翼龙过山车,体验一把被翼龙抓住背部狂奔的刺激感觉都是不错的选择。

童心未泯的你一定要去环球奇境坐坐,憋着笑也得和史努比、Hello Kitty、鸭子侦探等顺利地将圆桌大会开完。散会之后,若有闲暇,不妨到水世界逛逛,一望无垠的碧蓝水面上,疾速行驶的摩托艇,浑身缭绕着烈焰从高空坠落的特技演员,全都能让你身临其境地感受一下好莱坞大片那刺激的惊险场面。

夜色低垂时,伴着缤纷的灯火,魔幻星光大游行的队伍迤逦而行。"一千零一夜""灰姑娘""爱丽丝梦游仙境"等童话般的场景会在潺潺的音乐声中缓缓呈现、缓缓移动,美丽炫目。尤其是冬日,万里皑皑之下,更显梦幻。

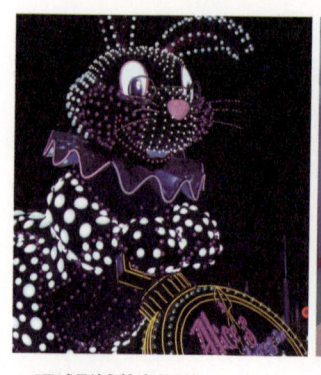

▲ 环球影城花车巡游　　▲ 环球影城内布偶做的裙饰　　▲ 环球影城中的史努比形象

▲ 道顿堀美食街每天都能引来川流不息的人潮，红色大螃蟹的招牌已经成了道顿堀美食街的标志。

繁华商圈的浮世浓情：心斋桥&道顿堀&法善寺横丁

在魔法世界潜游良久，乱花迷了眼帘，心潮也不由得澎湃，彼时，去心斋桥酣畅淋漓地"血拼"一把倒也换一番心境。

位于大阪市中央区的心斋桥是大阪最大最繁华的商业区，以心斋桥筋街为中心，北至长堀通，南达道顿堀，六百余米长的街道上汇聚了整个都市最精致的繁华。透光的封闭拱廊轻轻将疾风骤雨遮拦；青石铺砌的人行道两侧一排排砖砌小屋在洋溢着浓浓英伦风情的路灯掩映下倍显高雅。街头巷尾，格调不一、大小各异的商店鳞次栉比。有怀古的大丸百货、时尚的心斋桥OPA；有百年老店，也有簇新的小商铺；有世界名牌，也有小众品牌。各类商品如流行时装、杂货、箱包、首饰、日用品、旧唱片、药妆，等等，只有你想不到的，没有这里买不到的。

狂买之后，循着"格力高跑步者"和"蟹道乐"闪亮的霓虹招牌一路向南，及至章鱼烧的浓香扑面，"吃趴下"美食文化的发源地道顿堀便到了。

道顿堀是一条美食街，最适合"血拼"之后对

去日本，这么近，那么美

自己的胃做一番犒劳。"蟹道乐"铁板蟹、生蟹肉、蟹肉焗饭的醇鲜在唇齿之间晕开之后，足以三日留香；"Konamon Museum"的章鱼烧、"大阪王将"的汤水饺、"元祖波天久"的铁板烧亦是值得一生期待的绝世美食。

不管是狂风扫落叶般大快朵颐，还是一点一滴细嚼慢咽，在满足了挑剔的味蕾之后，就着午后温和的阳光，倒不妨去充满江户风情的法善寺横丁逛逛。短短的小巷、迷你的法善寺，偏偏就让人产生了一种宏大幽深的感觉，长满了青苔的不动明王菩萨威严的外表下总难掩那宁静的苍凉。袅袅的香火随风，十里悠扬，最后凝聚成了上方浮世绘馆中五十多幅栩栩的浮世绘典藏，画中那神态各异的歌舞伎翩翩然似要飞出，以便侧首凝眸，回顾"金城"旧日的葱茏。

丰臣秀吉的野心：大阪城

大阪城，又名金城、锦城，始建于1583年，气势磅礴、富丽恢宏，是大阪的象征，也是一座赫赫有名的雄城，是建筑史上一段可歌可泣、可圈可点的传奇。

被一条碧蓝的水带轻轻环绕的大阪城，用1.2万米长的巍峨石墙昭示着它曾经的固若金汤；城垣之上，那一片片不均匀的熏黑痕迹更见证着历史的烽烟与沧桑。

城内，亭阁处处，曲水流觞，西之丸庭园中六百余株染井吉野总能在春光

丰臣秀吉主持修建的大阪城由一条玉带般的护城河包围着，河边生长着树木和花草，充满诗情画意。

中织出一片绯红的浪漫；丰国神社外，一朵朵烂漫的金菊在秋色中也始终掬着阳光；东城的梅林在万里冰封的时候总能用一抹淡香将世界融成绯色；中央碧瓦白墙的天守阁更用檐角叮叮咚咚的金鲵雕刻着时光。

天守阁内珍藏着与丰臣秀吉相关的许多重要史料和藏品，有简明扼要地阐明了丰臣秀吉一生的《布景太阁记》，也有详述了"大阪夏季之战"的屏风与微缩模型。站在八层的展望台上能俯览整座大阪城；在二楼的变装体验区，不拘是谁，都能穿上羽织，戴上头盔，身着和服，化身成昔日的丰臣，与大阪城来一张跨越了千年的合影。合影之后，不妨一路向南，在天守阁畔不远，有两颗曾见于大阪世博会的"时间胶囊"。也许只要打开的方式正确，说不定真的能带给你一场穿越时空的奇妙旅行，譬如邂逅四天王。

极乐伽蓝，夕阳丘上四天王

坐落于夕阳丘之上的四天王寺始建于593年，是圣德太子主持建造的一座融汇了飞鸟浓情与南北朝时期华夏古风的佛教寺院。西面临海，金乌西斜之时，最适合观赏日落的胜景。北面则是一处巧致的日式庭园，园中有两湾绿水交汇，潺潺淙淙之间，八角亭悠然矗立，浅浅淡淡，号称极乐净土。

极乐净土之南有一泓碧水，水中有一方古时用以祭祀宴乐的巨石舞台。每

Chapter 2 ● 流淌在岁月中的墨香

去日本，这么近，那么美

▲ 四天王寺的佛塔

年4月22日，盛大的圣灵会舞乐祭都会在此举行，神圣的鼓点翩跹着艺人的水袖，妍丽且文艺。碧水之中多有乌龟游弋，尤其是晴天的时候，一群群或大或小的乌龟趴在大石头上或伸着脑袋或仰躺着晒太阳，那番情景既有趣又壮观。

　　站在龟池旁侧首凝望，圣灵元的丝柏在金堂的檐角之后露出峥嵘，两尊怒目金刚在中门旁千年守望，伽蓝中心的五重木塔上六颗舍利子闪烁着圆润的光辉，正堂之中则供奉着木刻的四天王雕像，四壁之上更有释迦牟尼的壁画浸润着古色与辉煌。

　　漫步寺中，不拘是亭阁间，还是花木旁，菩提月色，总萦绕着一缕佛光，三生三世，悠然不移。

太平旖旎，天保翠色：天保山海游馆

　　氤氲着净土的佛光，淡淡挥袖，在难波横丁稍做徘徊，便可意气风发地前往天保山海游馆中探险游乐。

　　天保山海游馆堪称世界水族馆之最，以环太平洋

38 | Look >>

火山带与生命带为主题，淋漓再现了环太平洋地区丰富多彩的自然地貌与生态景观，种类繁多的动植物，对任何一双在美的世界中探寻的眼睛来说，都是一种福气。

海游馆正门外有一只硕大的鲸鲨模型，乐于与它合影的人每日都络绎不绝。

走进海游馆，从"水门"之中穿越，跨入"海中立体隧道"，一个个或巨大或迷你的水槽便开始用一种与众不同的奇异方式在碧蓝的水波中演绎一曲海洋的梦幻。

高9米的"太平洋"水槽中，嶙峋的怪石、鲜艳的珊瑚、光怪陆离的熔岩，在鲸鲨懒洋洋的目光下逡巡着环太平洋火山带的壮丽；"南极大陆"上，跳岩企鹅、绅士企鹅、国王企鹅倏而入水，倏而上岸，在自然的幕布下延展着那浑然天成的呆萌；"阿留申群岛"水槽中，断壁狰狞、悬岩高耸，露着白肚皮的海獭懒洋洋地晒着太阳；"厄瓜多尔热带雨林"中葱郁的树木间溪流潺潺，象鱼在水草与浮木之间游弋着斑斓；"蒙特瑞湾"的加利福尼亚海驴则嗷嗷地与大齿斑海豹争辩，像极了那对着风车冲锋的堂吉诃德。此外，"日本森林"中还栖息着红点鲑、娃娃鱼和小爪水獭；"塔斯曼海"更有优雅的斑纹海豚……总而言之，邂逅天保山海游馆，便似邂逅了整个环太平洋地区，徜徉其中，乐趣无穷。

在鲸鲨恋恋不舍的目送下与海游馆

▲ 夜幕中色彩亮丽的天保山大摩天轮

挥别，若有闲暇，不妨去坐下旁边的天保山摩天轮，欣赏一下在百米高空绽放的"流星花雨"；或者去新世界、美国村、大阪历史博物馆、通天阁、梅田蓝天大厦等地逛逛也不错。

丰臣盛世，金城荣光，哈利·波特的魔杖垂落的其实是四天王的月光。天保山上，法善寺旁，黛色流转的不过是沧桑，大阪，绝美如斯，原是应当。

旅行·印象
家纹

所谓家纹，就是一个家族的标志。历史悠久的大阪城，历经数代大名，每位大名在修筑大阪城时都留下了自己家族的家纹。这些家纹多在二之丸，游览的时候，寻找一下这些家纹，也是一件相当有意思的事情。

▲ 名古屋城建于1612年，它被大大小小的公园所环绕。这座城在"二战"中被焚毁，1959年重建。

Nagoya

名古屋，镌刻着历史波澜的沧桑

掬一捧冬日最醇和的阳光，于德川园畔静静地伫立，热田神宫袅袅的香火与大须观音寺的禅声交织了漫漫的佛光；"宇宙飞船"上绿洲21的袅娜倒映着华丽的倩影，不经意间流露出绝世的风华；美术馆内微微发黄的纸页浸着墨香，铁画银钩，书就的不外是一段只属于名古屋的传奇……

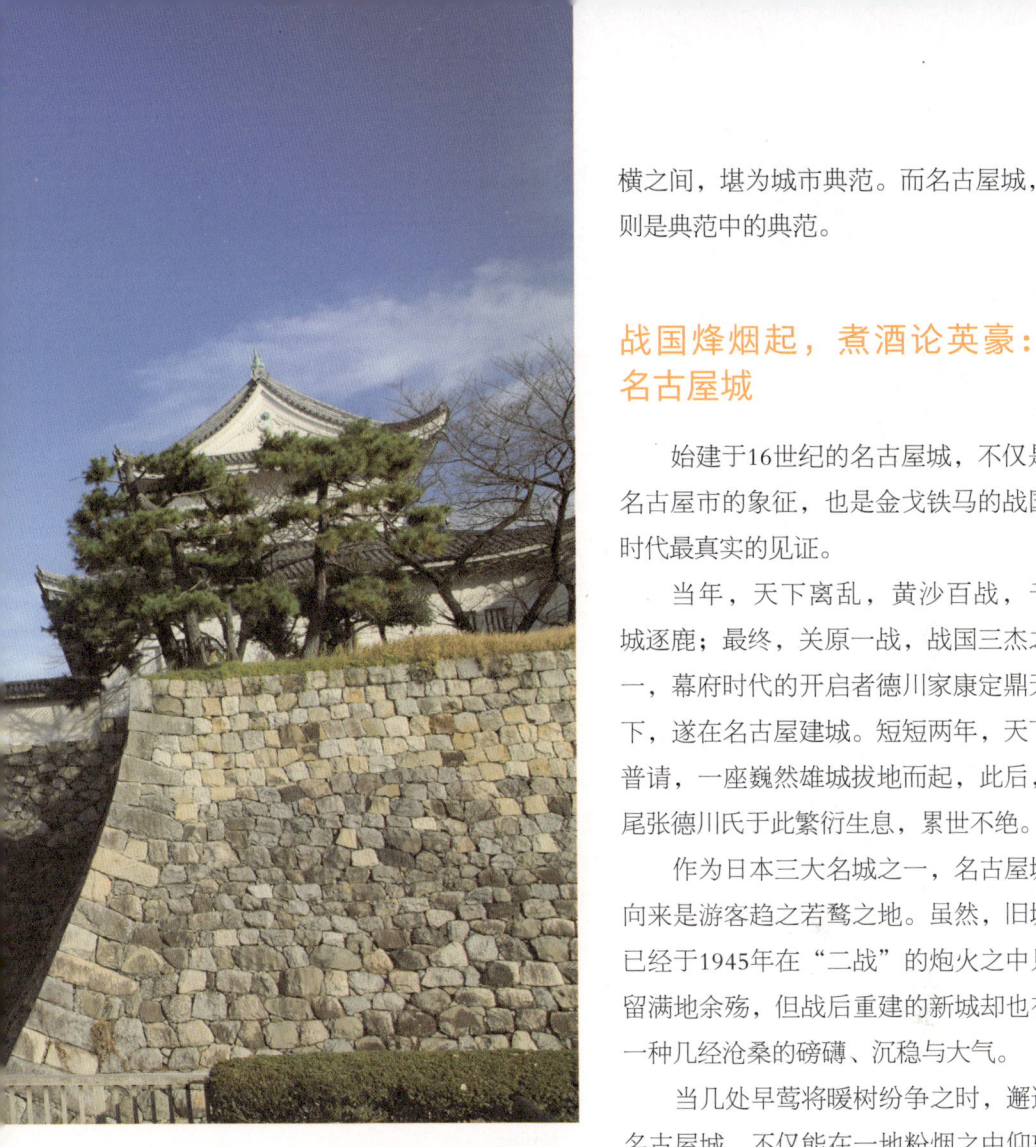

横之间，堪为城市典范。而名古屋城，则是典范中的典范。

战国烽烟起，煮酒论英豪：名古屋城

　　始建于16世纪的名古屋城，不仅是名古屋市的象征，也是金戈铁马的战国时代最真实的见证。

　　当年，天下离乱，黄沙百战，千城逐鹿；最终，关原一战，战国三杰之一、幕府时代的开启者德川家康定鼎天下，遂在名古屋建城。短短两年，天下普请，一座巍然雄城拔地而起，此后，尾张德川氏于此繁衍生息，累世不绝。

　　作为日本三大名城之一，名古屋城向来是游客趋之若鹜之地。虽然，旧城已经于1945年在"二战"的炮火之中只留满地余殇，但战后重建的新城却也有一种几经沧桑的磅礴、沉稳与大气。

　　当几处早莺将暖树纷争之时，邂逅名古屋城，不仅能在一地粉烟之中仰望天守阁屋顶那华彩绚烂的金色脊兽，感受名城之美；还能登临天守之巅，俯瞰整片城垣。古城南侧，一座座摩天大厦拔地而起，萦绕着古香的旧时行政所错落其间，不仅不显突兀，反而成了名古屋最亮丽的一道风景线；名城之东，夕阳下，复古的街道、灰泥砌就的仓库，总萦绕着一丝17世纪的文艺气息。

　　若不耐登高，对天守阁中那珍贵的历史资料与文物也兴趣索然，倒不妨沿着4月樱花烂漫的痕迹，在城中随意逛

Chapter 2 ● 流淌在岁月中的墨香

　　位于爱知县西南浓尾平原上的名古屋市，自古便是日本名埠，历史悠久，文化昌荣，源远流长。

　　曾经，尾张德川氏以名古屋为城下町，墨香辗转，不仅印刻着战国的繁华，还诉说着幕府的浓情。无论是谁，踏足此间，总会情不自禁地沉浸在那镌刻着历史波澜的沧桑里。

　　名古屋隶属于日本大县爱知，是爱知县的首府，也是名古屋大都市圈的核心城市，市容齐整，建筑规划井然，纵

>> Look ｜ 41

▲ 在日本，樱花祭是一个十分重大的节日，每到此时，日本人都会举办隆重的祭礼，人们盛装出席，以表达自己心中的喜悦。

逛。作为旧时的幕府宫苑，名古屋城中，奇花遍地、异草争妍，珍稀的花木比比皆是；纵使相逢应不识，但当双眸与那浑然天成、唯美别样的名种奇葩相遇，却仍忍不住感叹一声造化玄奇。

除了4月的樱花祭礼，名古屋城的夏日庙会、秋日菊花人形展也颇值得一观。

若时间不协，错过了春芳夏妍，也没关系。在接近城中央的二之丸广场上，每逢双休日，都会有"战国武将"表演。六位资深艺人分别装扮成德川家康、织田信长、丰臣秀吉、前田利家、前田庆次及加藤清正，以戏剧的形式，再现了战国时期百城烽烟、群雄逐鹿的场景；唱念做打，声情并茂，观之颇有淋漓之感。演出结束之后，若你有兴趣，还可以和"武将们"来一张"跨越时空"的合影。

德川的梦想乡：德川园

和"德川家康"合过影之后，自然得去德川园逛逛，这可是深入了解德川家康的绝佳机会。

德川园算不得德川家的祖宅，却也是尾张德川家的重要宅邸之一。尾张德川第二代藩主曾以此为桃源，逍遥隐居，含饴倾情。

漫步园中，唯见奇石堆叠，假山深秀，高墙碧瓦之间，曲水流觞，雅致丰润，湍湍的碧波荡漾着龙仙湖的仙姿旖旎；观仙楼上，凭栏远眺，万芳丛中虎仙桥横斜；四睡庵飞扬的檐角则与灿然的红枫相映成趣。

龙门瀑布旁，鸣凤溪流转着阳光，一抹纯然的黑白在阳光中轻轻淌过，那是德川美术馆。

德川美术馆就在德川园内，原是尾张德川家的私人藏馆，馆内收藏了一万余件德川遗物，其中有国宝9件、重要文化遗产59件、珍稀美术品46件，典藏之丰富，令人叹为观止。

现如今，德川美术馆已经成为日本国内唯一一座完整地保存了诸侯文化和生活痕迹的美术馆；馆内，不仅留存着《源氏物语画卷》等不世出的名品，还还原了德川家旧日的部分生活场景，如能舞台、猿面茶席、女儿节习俗展，等等。

草雉，小伙伴们来围观你了：热田神宫

作别德川，胸中却仍充溢着满满的战国情结，彼时去热田神宫舒缓一下心情委实是个不错的选择。

热田神宫位于名古屋市热田区，是日本最古老的神社之一，始建于113年，距今已有近两千年的历史。

神宫建筑恢宏，金瓦倒映着红墙，重檐雕琢着肃穆，参天的古木笼罩着武尊的塑像，袅袅之间确有几分神话气息。相传，日本三神器之一的天从云剑，即草雉剑，便供奉于此。

三神器是神话名器，本为天照大神所有，后成为日本皇室的传承信物。

相较于八尺琼勾玉和八咫镜，作为攻伐利器的

▼ 热田神宫前载歌载舞的人群

去日本，这么近，那么美

▲ 名古屋大佛雕像造型完整，气势独特。

草雉剑难免更凛冽、更锋锐一些；供奉着草雉剑的热田神宫，相比于伊势神宫，建筑风格也更刚烈、更威严。

神宫本堂，彩绘雕栏，轩敞大气。堂内供奉着天照大神、武尊、素盏呜尊、宫簧媛和见稻种命五位尊者。本堂旁的宝物馆内同样陈列着六千余件珍宝。虽然没有小伙伴们想要围观的草雉剑，但也有不少名刀，如太刀铭国友、太刀铭吉光等。另外，馆内典藏的12面木造舞乐面具、金铜装唐鞍等也是不可多得的佳品。

你是来看草雉剑的？实在抱歉，草雉剑是神器，

▲ 绿洲21在名古屋除了是个华丽的地标建筑物外，也充分展现了环保的理念。整个建筑综合了城市绿地、观光设施、购物、餐饮甚至是交通枢纽等各个因素。

除了日本皇室，还真没有其他人见过。咱还是老老实实地参观一下草薙剑的家，过过眼瘾、沾沾福气就好。

当然，你也可以去参加神宫的祭礼活动，醉笑人神事。热田祭，绝对能让你兴奋起来。

"银河"承托的"宇宙飞船"：绿洲21

绿洲21是一座城市公园，始建于2001年，由日本著名设计师葛西秀树设计，是名古屋新的地标。

说是公园，但绿洲21却更像是一片公共休闲区，立体观光电梯"谦卑"地承托着高14米的"水上宇宙飞船"。远远望去，如鸟巢般的"船"被阳光横切为数个立面，斑斓中透着科幻。玻璃屋顶之上，碧水荡漾，繁星满天的时候，水光映着星光，别有一番绮丽的味道。

站在"宇宙飞船"上，名古屋市区各种不同风情的街景皆可一览无余。倦了，乘坐电梯，走过旋转斜坡，来到公园的"绿之大地"，踩着嫩嫩的草芽，在一片芳菲之中懒洋洋地靠在长椅上吹吹风、晒晒太阳，惬意又怡然。

绿地旁不远，便是著名的银河广场。广场不大，有三十多家店铺林立，地下一层的巴士入口也在广场上。上下班小高峰，广场上人流如织，其他时候却也清净。许多希冀能偷得浮生半日闲、慢悠悠度日的男女都喜欢来这里。

感受过绿洲21摇曳的风姿之后，尚有余力的朋友，倒不妨伴随着日光，到东山动植物园、兴正寺、名古屋大学、晴明神社、万松寺、名古屋巨蛋、觉王山、白鸟花园、磁悬浮铁道馆等地去看看。毕竟，名古屋的风华总是绝代。

而且，这份行走在时光中的美好，本就属于你，属于名古屋，更独属于有你的名古屋！

旅行·印象
三神器

日本神话传说中的三神器分别为：八咫镜、八尺琼勾玉、草薙剑，分别供奉于伊势神宫、皇居与热田神宫。

>> Look | 45

去日本，这么近，那么美

◢◣ *Kumamoto*

漫步**熊本**，熊本熊的梦幻之乡

繁华化土，原是一种凋零的寥落。然而，水前寺畔，熊本城前，熊本熊却用漫天的秋黄、肃穆的细川、阿苏的火光、云仙的天草塑造了另一份繁华，一个花开花落应如是、明月清风送伊归的梦幻之乡。

位于九州中部的熊本县，是日本首屈一指的农业大县，西临有明海，东滨东海，三面环山，风光旖旎。

起伏的九州山地用郁郁葱葱的森林为熊本织就了一条绿色的围巾，围巾之上，那烂漫的红色碎花则逶迤着春光。

在日本，熊本被称为"火之国"，这不仅仅是因为熊本的激情如火，还因为熊本原就是一个有着火一般色彩的"桃源"。

是的，熊本与红色原就有着深深的缘。

2010年，熊本的街头，突然出现了一只"大黑熊"，不过和其他威猛彪悍的黑熊相比，这只黑熊显得有些奇怪：软软的

▲ 熊本街头随处可见可爱的熊本熊，那憨态可掬的样子让人忍不住去拥抱它。

46 | Look >>

脂肪肚，白白的"熊猫眼"，两片亮眼的腮红，蠢萌蠢萌的……而它，正是熊本县新就任的"营业部长"熊本熊。

熊本熊上任之后，原本籍籍无名的熊本，立即因它而闻名遐迩，这位"部长"无论什么时候都是一副"怎么是我"的表情，虽大错小错不断犯却也红得发紫，直到2014年，它将自己的腮红弄丢了。

弄丢了腮红的熊本熊，看上去和普通的大黑熊也没什么区别，无数熊粉为之黯然神伤，也报警了，可惜无济于事，于是，一场声势浩大的"腮红找回"运动在熊本民间上演。而事实证明，群众的力量永远都是无穷的。

第一片腮红很快就找到了，原来，它竟已化作了那巍巍的阿苏山。

火之国的烈焰礼赞：阿苏山

阿苏山位于熊本县东北部，是日本著名的活火山，也是世界上破火山口最大的火山。它由中岳、高岳、乌帽子岳、根子岳、杵岛岳五座火山组成，状似椭圆，山顶终年有白色烟雾缭绕，蔚为壮观。

阿苏五岳中，高岳为最高峰，岩崖壁立，荒凉中带着几许草绿色的浪漫，峰上植被并不繁茂，但错落交织，也别有一番风情。

根子岳与杵岛岳岳如其名，造型奇特，峰间绿树葱茏，群芳绚烂，啁啾鸟语中，避居怡然之感油然而生。

▲ 阿苏山

中岳是阿苏五岳中火山活动最频繁的山岳，也是阿苏名副其实的主峰所在，蜚声世界的阿苏破火山口就如一只古朴的瓷碗一般镶嵌在中岳之上。

具体说来，破火山口的面积其实并不是特别大，但哪怕是极目远眺一万次，也是无法看尽其全貌的。

火山警报不太频繁的时候，静静地走近这片蒸腾着白烟的巨大火山洼地，一股浓浓的硫黄气息便扑面而来。

在硫黄与热气的"冲刷"下，不管是谁，总觉惴惴不安，彼时，脚下早已经打上了不毛之地印记的土地若再微微地颤抖那么两三下，那可着实是刺激得很。这种刺激的感觉，在目睹了火山口底部翻滚的"地狱"岩浆，感受了那奇高的温度之后，瞬间便化作了惊恐。惊恐得想要逃离，但一眼望去，"巨碗"之中除无数零零落落、四散分布的棕褐色火山岩及几道龟裂的地缝，似乎什么都看不到。

扑通、扑通、扑通……小心脏急速地跳动着，一筹莫展之际，突然就看到了几个隐隐约约的黑点，那是缆车吧？

去日本，这么近，那么美

对，就去坐缆车。

坐上缆车，离开火山口，恍恍惚惚，不知不觉，就到了外轮山脉的大观峰上。

大观峰有一座展望台，不是很华丽，但视野却超级棒。

站在展望台上，阿苏山全景一览无余。那令人心惊胆战的火山口也瞬间变成了五岳之间绞着火色与棕褐色的名贵器皿，初阳斜照时，竟别有一番清丽淡雅的感觉。只不过，在乌帽子岳的"草千里"面前，这份淡雅却有些黯然失色。

乌帽子岳，是五岳之中景色最明丽的一个，不算太高，却钟灵毓秀，仙气十足。尤其是山腰处，那被火山灰覆盖的辽阔草原，碧草芳菲，山花烂漫。牛儿、羊儿、马儿或三五成群地在湖畔享受掺杂着阳光的"鲜草料理"，或躲在草丛后独自享受静默的时光，非常惬意。

躺在略有些枯黄的草场上，和牛马一起悠然地看过火山之后，去火山博物馆看看西洋镜，深入了解一下火山地质知识；或者去山腰的阿苏牧场购买一些火山特产，如硫黄石，都是不错的选择。

武者返回，银杏之都：熊本城

阿苏如火的热情的确令人眷恋，若有可能，真想在"草千里"与阳光共舞到永远，只可惜，情况却不允许，因为熊本熊的另一片腮红还没有找到！

在哪里？在哪里？

考虑到这只萌物旺盛得不可理喻的强烈好奇心，聪明如你我，最后肯定会把寻找的目光聚焦在熊本城。

熊本城，是日本三大名城之一，也是熊本最具代表性的古建筑。

1607年，时任熊本城主的战国名将加藤清正主持

▲ 金秋时节，银杏树叶撒满地面，颇为壮观，放眼望去，树上、地上满是金黄。不禁让人感叹：此景只应天上有，地上难得几回见。

修建了熊本城。彼时熊本高高的石垣和纯木造的49座高塔以其精致与稳固备受赞叹。可惜的是，1877年祝融肆虐，曾经的熊本只余下了十几处伤痕累累的残垣。

站在熊本城下，仰望这座占地98公顷的巍峨古城，最先映入眼帘的，自然是那高高的城墙。

熊本的城墙，全部都是石头砌筑，略略有些青灰的石头上那几点斑驳、几许熏黑，从来都是烽火与岁月最好的证明。但岁月的斑驳却并非熊本城墙最特别的地方，它最特别的地方是高度。

相比于其他战国古城，熊本城的城墙要高出一倍有余。战国时代，便有"武者返回"之称，亦即无论多么强悍的武者，都不可能潜入熊本，只能无功而返。当年，加藤清正正是靠着这固若金汤的城墙，守住了西南半壁江山。清正的城墙铸造术也因此声名大噪，只是，此为秘技，清正从不曾外传。

除了别具一格的石头城墙，熊本城最辉煌溢彩的自然要数天守阁。

熊本的天守阁是一座五重六层的连结式望楼，灰瓦白墙，微微翘起的檐角蜿蜒着最雍容的曲线，仿佛一只振翅的白鹤。镂花的窗棂，巧致的廊柱，掩映着四月樱花和深秋银杏，风情别样。珍藏在阁内的部分加藤氏与细川氏的历史遗物，更贵重异常。

大天守阁外，沿着中线还有几座三重四层的小天守阁，建筑古朴，方寸之间张扬着大气。此外，城内还错落地分布着13座古城橹遗迹。那绵延的黑色、方正的建筑风格，总给人一种沉厚的感觉。宇土橹、五间橹、监物橹、七间橹、源之进橹等都是熊本橹建筑的典范。

熊本城内，五步一景，处处芳菲，尤其是那遍布了整座城池的银杏树，更是熊本一绝。金秋时节，万千银杏在秋风中蔓延着自己的金黄，同样绚烂着一抹淡黄的银杏果偶尔也会探出脑袋凑个热闹。秋叶、夕阳、情人、步道、唯美且浪漫的气氛一点点地在空气中晕开，伴着果香，委实令人迷醉。

细川流芳，水前成趣：水前寺

熊本城外，夕阳斜照，人间花落，满满的都是不舍，但不舍归不舍，探寻之旅却仍需继续，下一站——水前寺。

虽然名字中带着一个"寺"字，但水前寺真不是寺，而是一座典型的桃山式造景园林。

1632年，熊本藩藩主细川忠利仿东

▲ 水前寺成趣园是一座桃山样式回游式庭园。"成趣园"之名取自陶渊明《归去来兮辞》中的"园日涉以成趣"一句。

海道53景，建造了一座私人用"国府御茶屋"庭园，后历经三代，数次扩建，山水相依、诗情画意的水前寺成趣园蔚然成型。

水前53景，千秋迥异，各有不同。"小富士山"重峦叠嶂，奇石之间自见造化神秀，皑皑的峰顶倒映着冰蓝，俨然又一把东海玉扇，"扇面"清雅，"扇骨"铮铮。自京都御所移居而来的"古今传授间"，古色古香，厚厚的茅草屋顶上自然镌刻着墨韵。园东流镝马马场草色青葱，碧绿中有黄花点缀，每年4月和10月，"武田流骑射流镝马"祭典召开期间，更是"英雄"云集，草香中别有一番飒爽英姿荡漾……

潺潺的流水，葱茏的花木，精致的"日本桥"，朱红的大鸟居，弯弯的月亮门，粉白的樱花树，水前寺内一角一落、一草一木，都浑然无瑕，流溢着醇美。然而，无论多少胜景云聚，在这细川氏的别苑之中，风光最旖旎的永远都是作为细川家庙（祠堂）的出水神社。

掩映在绿树繁花之间的出水神社面积并不是特别大，但那黑得幽邃的屋瓦，流转着凝重的檐角，袅绕着岁月的墙壁彩绘，斑驳着春光的峻拔立柱，甚至神社一隅那略有些锈迹的断剑，都无时无刻不彰显着百年世家的大气与底蕴。

神社内还有一口清泉，泉眼不大，泉水甘冽清甜，被奉为"长寿之水"，数百年辗转，始终不衰。

流转的绯红，不变的梦幻：别样熊本

唇齿之间，"长寿之水"的甘冽还在缓缓地流动，踌躇的双脚却已从水前的优雅与趣味中抽离，只为寻找！

找了很多地方，也转过了太多芳菲。曾坐着观光渔船在万顷碧波之间与海豚嬉戏；曾站在天草桥上，远眺那蓝色琉璃盘上彩色的天草风光；曾静静地站在沙滩边，任海风打湿鬓角；曾沉醉在熊本熊广场的梦幻之中；也曾在县立美术馆的历史光影中沉沦……只是，寻寻觅觅，最终却徒劳。

那消失在熊本熊脸颊上的另一片绯红依旧在"流亡"。

累了，倦了，在街边随便找了一家挂着"熊本乡土料理"布幡的料理店，走进去，马肉的醇香瞬间萦绕鼻间，那一刻，整个人都豁然开朗起来。

原来，真的是"众里寻他千百度，蓦然回首，那人却在，灯火阑珊处"，熊本熊遗失的红，不正是马肉的红吗？

依山傍海的熊本，饮食风格偏于醇和自然，马肉更是一绝。

熊本的马肉，又称"樱肉"，新鲜的马肉一旦与空气相遇，便会害羞得染上满脸的樱花色。樱肉之名，也由此而来。

邂逅熊本，马肉是绝不容错过的一道美食风景。在舒舒服服地大快朵颐一番之后，将两片腮红还给心急如焚的熊本熊，熊本之行，也算是功德圆满。

转身之际，心宽体胖的熊本熊笨拙地挥手说再见的身影却仍留驻在眸中。

是啊，流转的是绯红，不变的是梦幻，熊本，永远是熊本熊的梦幻故里，而在这里，每一个人都能拥有独属于自己的"寻觅"之旅。

旅行·印象

樱花号

"樱花号"，是熊本的一列特快列车，铁道迷们对它一向钟爱非常，这不仅仅是因为它秉承着"树木与自然"理念而特别选用的木质座椅，《樱花号列车奇案》一书更为它蒙上了一层神秘而恐怖的色彩。

Chapter 2 流淌在岁月中的墨香

>> Look | 51

▲ 白川乡特有的"合掌造"房舍，顶部极为陡峭，这是为了避免冬季的暴雪将屋顶压垮，才采用了这种便于积雪滑落的设计方式，缓解狂风和暴雪带来的威胁。

Gifu

岐阜，古战场上的白川牧歌

落雨听蝉，花开半夏，葱茏的岁月总要留下一首葱茏的诗歌。一叶深红，怅惘的是江天寥廓；一曲岐阜，氤氲的是古战场上白雪流觞的传奇。漫步关原，忆及下吕，长良川畔的鸬鹚啁啾的不外是飞山浓水。

岐阜，位于本州岛中部，是日本四大温泉胜地之一，北有被誉为"北阿尔卑斯"的群山连绵，南有木曾三川的流水潺潺，飞山浓水，风光旖旎。

1600年，处于战国时代的日本爆发了史上著名的"关原之战"，德川家康战胜石田三成，开启了江户幕府时代。交织着铁血与浪漫的"稻叶山城"也正式更名为"岐阜城"，"岐阜"一名，沿用至今。

"岐"，意指西周的龙兴之地——岐山；"阜"，代指孔圣故里——曲阜。岐

▲ 鸬鹚捕鱼表演是长良川一道别致的风景，鸬鹚威武矫健的身姿、张弛有度的技巧让它们很快就能有所收获，让前来观看的游客尽兴而归。

阜，在彰显德川家康布武天下的野心之时，也氤氲着这位战国名将对四海承平、万民喜乐的希冀。

秋山红叶，布武汤汤：关原古战场

位于岐阜县关原町的关之原是关原之战的决胜之地，1600年，东军（德川家康）与西军（石田三成）对峙于此。一战之后，战国时代终结，日本也迎来了全新的幕府时代。

漫步于古战场遗址，就仿佛漫步在历史的长河中，不见硝烟，却总有一种说不出的苍凉。

开战地，几处碑碣掩映着野草，古树枝头，寒鸦声声叫着夜色。

不远处，东首冢中烟气袅袅，悠远的琵琶声，铿锵的鼓声，声声回荡着黄沙百战的余韵。

笹尾山上松涛阵阵，松尾平原上一片青葱中有碎石零落，山与原之间，诸多阵迹错落分布，德川家康的开战地、决战地，石田三成的最后阵地，小早川秀秋的决战地，大谷吉继的墓地、阵迹，等等。

带着一身征尘，从古战场转身，不妨再去关原历史民俗资料馆看看。资料馆不大，灰瓦白墙，只有两层，从关原车站徒步8分钟即到。

馆内陈列的大多是关原之战战场上遗留的武器甲胄，如石田三成戴过的头盔、德川家康戴过的头盔、东军的箭矢、西军的残刀，等等。除了这些渗透着厚重历史的古文物，资料馆中还有以现代3D声光技术还原的关原之战的现

>> Look | 53

场图景，伴着演说，细细体味，就仿佛重新回到了那个热血沸腾的时代。

白雪流觞，合掌造：白川乡

白川乡在岐阜县西北、白山山麓之下，山乡不大，只寥寥百余户人家，背倚青山，面朝流水。夕阳西下时，斜倚门扉，可见万山红遍，晚霞映着阡陌，淡白的炊烟袅袅，池塘边蛙声阵阵，红荷点点。

嗅着荷香，走进浓缩了白川山水精华的合掌村，最先映入眼帘的便是飞虹一般横架于繁华与静谧之间的相逢桥。长长的吊桥，细细的锁链，苍古的桥板，一头是喧嚣，另一头是桃源。站在桥上，俯瞰庄河，虽然没有惊涛拍岸、千堆卷雪的壮阔感，但水声潺潺，却别有一番风韵。

白川乡，或者说合掌村真的很小，两小时的时间，绝对能够将整个村庄全部走遍。

村中道路平齐，漫步其间，可见房屋错落，高大的柿子树点缀其间，树叶簌簌，在阳光下闪耀着油绿的清甜。房前屋后，大片大片的草坪大小不一，形状各异。芳菲之间，水田纵横，阡陌有序。很多人家的屋前都有一泓碧水轻漾，或是栽种了莲蓬，或是养了几尾游鱼，意趣盎然。

站在池边，抬头仰望，总能看到一抹仿佛近在咫尺的蓝白、一把倒悬东海天的"玉扇"，那是富士山。

富士是日本的"圣岳"，所有日本人或多或少都有着一丝富士情结，白川人自然也不例外。

白川的民居，是草垛木构的尖形房屋，房顶是用厚达10厘米的特殊稻草铺成，整个顶部就像是一把倒着打开的扇子，又像是合十的双掌，远望富士，近观合掌，自有一种奇妙而天然的和谐。

白川乡以合掌村闻名，合掌村则以合掌造闻名。1995年，联合国教科文组织确定白川合掌造为世界文化遗产，从此，合掌之名，不胫而走。

合掌造，指的是一种建筑工艺，合掌村所有的房屋全都是合掌造。合掌造房屋最显著的特点就是人字形、坡度十分陡的茅草屋顶。这些屋顶以特殊的工艺建造，不用一钉一铆，且设计深合白川的自然地理环境，冬暖夏凉。

合掌造房屋，多为多层木构建筑，一层为起居室，二层为储藏室，顶层还有一个小小的阁楼。在合掌村，家家户户都可以为合掌造代言，但要入内参观，还是去神田家、长濑家、和田家或野外博物馆"合掌造民家园"为好。

"合掌造民家园"中有25座从白川各地移建的合掌屋，还有马厩、水车房、碳烤房，等等。沿梯由外而内，细致地欣赏整个合掌屋，看着屋内简单古朴的陈设，尤其是织布和耕种工具，无论是谁，大概都会立刻联想到那歌声相合、男耕女织的恬然画面。

民家园中有染色、机织等传统工艺的表演，还有荞麦面道场，游客若是有

▲ 布久庵的冰激凌柔滑软糯，刚入口淡淡的甜味即充满整个口腔，回味无穷。

"小京都"的旖旎：飞驒高山

高山是飞驒的地标，也是岐阜与白川同样风华绝代的"小京都"。

不同于白川的恬然、关原的热血，高山是古典的，也是繁华的。

漫步三町，古老的格子窗掩映着绿萝，风中舞动的布幡上流动的是曾经围炉夜话的宁静。

站在街边，举目遥望，各色咖啡屋、乡土料理店、杂货店、酿酒厂，鳞次栉比。

布久庵古色古香，庵中的巴菲、大豆冰激凌滋味别样。"小猴宝宝"作为岐阜的吉祥物，深受人们喜爱，无论是本国居民，还是外国游客，只要来了岐阜，总会忍不住将它带走。

走累了，坐上人力车，去品尝一下高山特产的拉面、飞驒牛肉或者朴叶味噌，委实是个不错的主意。

饭后，独步大新町，去看看江户时代的郡代官邸——高山阵屋，那淋漓的飞檐，奇特的棱角，黑瓦白墙间萦绕的肃穆，以及官邸前孤独但葱郁的迎客松，总会让人忍不住一阵感叹。

来"小京都"，最不可错过的当然是高山祭。

4月的山王祭，10月的八幡祭，都是高山最不容错过的盛典。节日当天，万人空巷，彩旗昭彰，有戴着鸟羽斗笠，一边曼舞、一边鸣锣的"斗鸡乐"；有色彩绚烂、雄姿挺拔、热热闹闹的"狮子舞"；有各色各样、灵巧华

兴致，完全可以亲身体验印染、织布、打磨荞麦面的过程，亲自体会一下乡情野趣。

来白川合掌村旅游，四季皆宜。春天，可看烂漫春花；夏天，可见满目葱茏、接天莲叶；秋天，能看层林尽染，也可见红叶未红时的五彩斑斓；但要说最梦幻的时节，还是冬天，因为，白川本就是"冬日的童话"。

雪后初晴时，整个村落都被皑皑的白雪覆盖。

每年1月和2月双休日，都是合掌村的点灯日，入夜时分，柔和中晕着几许古朴昏黄的灯光映着白雪流觞，那唯美的景致难以言喻。若能在白川留宿一两日，傍晚时分，坐在田埂边，与相爱的人一起欣赏交织在绿色与淡褐色之中的合掌，简直就是一幅水墨染映青山的美好画卷。

▲ 下吕温泉附近盛开的花朵　　▲ 水汽氤氲的温泉

美的机关布偶；有点点星光下，燃烧着百盏灯火的精致花车。凡此种种，交织在粉白的樱花与斑斓的秋叶中，风姿别样。

温泉水滑洗凝脂：下吕温泉

作为温泉胜地，岐阜县的温泉资源十分丰富，长良川温泉、飞驒高山温泉、奥飞驒温泉等百余处，星罗棋布，但真正配得上"胜地"之名的，却只有下吕。

下吕温泉是"日本三大名泉"之一，泉质温和，泉水终年温度都在80℃上下，保温保湿效果极佳，润肤作用尤为显著，素有"美人汤"之称。

下吕温泉在飞驒川下，整条温泉街将飞驒川环绕，风格各异的温泉旅馆与山光水色相映，绮丽成趣。

怀石宿、汤之岛、小川屋、纱纱罗等都是不错的温泉旅馆。

下吕温泉不是深色温泉，泉水明澈，温度恒定，泉水之上，常年都有薄薄的雾霭蒸腾，置身其中，就仿佛一下子跌入了梦境。微阖眼帘，枕着温泉池畔平滑的石，那暖暖的、舒适的感觉当真难以言喻。从梦境中醒来，睁开眼，远可观满山苍翠，近可观万家灯火，倦了，累了，牵着爱人的手，在温泉街把臂同游，也自是一种浪漫。

即便是穷游，即便你不愿意为泡温泉花费一分一毫，来了下吕，你也不会失望而归。

飞驒川畔，包括喷泉地在内，有3处室外公共浴池、多家免费足浴，若是你愿意，它们同样能满足你对温泉乡的所有畅想。

鸬鹚与焰火共舞：长良川

长良川有三宝：鲶鱼、鸬鹚、焰火。

长良的鲶鱼在日本极负盛名，到了岐阜，不去喝一碗鲶鱼汤、吃一顿鲶鱼料理，实在是遗憾满满。

说起来，岐阜也不算是鱼米之乡，但长良川的鸬鹚捕鱼却是一绝。

每年5月到10月，长良川上都会有鸬鹚捕鱼的表演。伴着寥廓霜天，泛舟长良川上，琉璃色的河水轻轻荡漾，衣着素朴的渔夫吹着哨子，指挥着那些矫健的鸬鹚。被驯养的鸬鹚个个身手矫健，优雅地振翅，高亢地啼鸣，快准狠地行动，只是眨眼的工夫，你只见到了水面轻轻荡漾的涟漪，它却已经叼着肥硕的鱼儿顾盼生辉地回到了渔船上，傲视同侪。霎时，掌声雷动，喝彩声声，野趣中漾着欢歌，别有几番情趣。

夏花烂漫的7月，是来长良川最好的日子，因为，这个时节，你不仅能见到精彩的鸬鹚捕鱼表演，还能欣赏盛大的焰火表演。

长良川7月的焰火盛会长达两个星期，盛会期间，每天夜晚，这宁静的小城就会被满空绚烂的焰火渲染成人间仙境。万万千千的色彩，瑰丽绮艳；各式各样的焰火，和着歌声、舞声，交织成了一片天上琼瑶。

焰火绽当空，鸬鹚翩翩舞，长良川无疑是美丽的，但长良川的美丽却不仅仅在鸬鹚、在焰火，还在那富含丰富铁离子的长良川温泉、长良川香鱼、长良桥与美浓和纸。同样地，岐阜也是美丽的。岐阜的美，不仅仅美在白川的田园牧歌、下吕温泉水滑、关原的铁血苍凉，还美在小坂瀑布的飞珠溅玉、宇津四十八瀑的飞流直下、惠那峡的奇石巉岩、马笼宿的久远悠然、东山游步道的峻拔出尘……

葱茏的岁月总要留下一首葱茏的诗，坐着大巴，伴着一路山花烂漫，走进下吕，相逢白川，铁血关原，把酒清歌，你会发现生活本就如诗！

旅行·印象
岐阜地名的由来

岐，为岐山；阜，为山麓；岐阜，即岐山山麓之意。相传，此名源于日本著名武将织田信长。织田对西出岐山、成就西周基业的周文王格外佩服。另外，也有学者认为，"阜"，为曲阜的阜，代指的是中国文化。

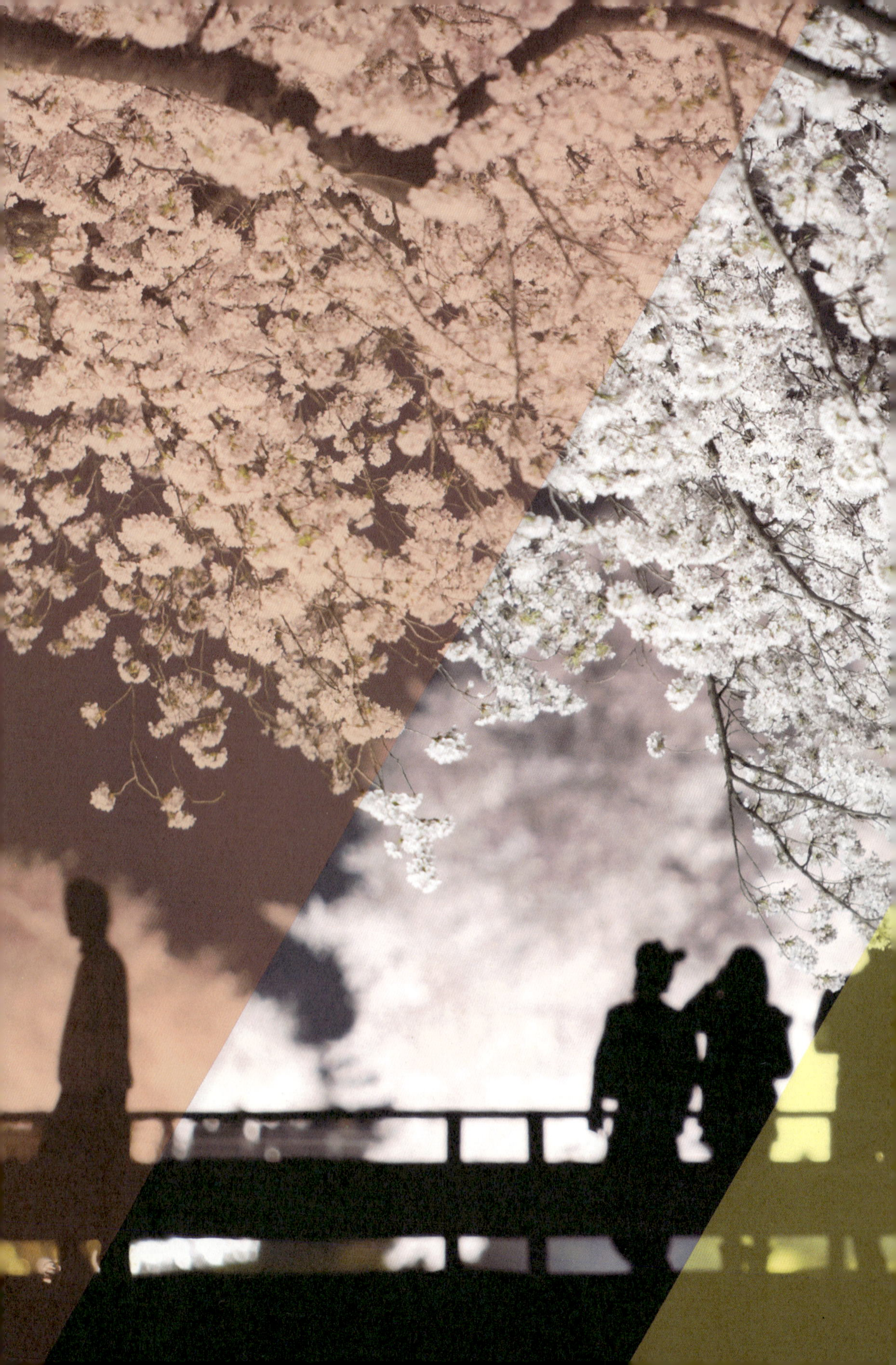

Chapter

3

樱飞雪，卷起浪漫满帘

去日本，这么近，那么美

→ Ishikawa

石川，白山飞瀑，温泉别样雪

樱飞雪，白山飞瀑，染井吉野的绯红氤氲着加贺温泉乡的浪漫；脉脉的兼六园，眸中总流转着金泽的深情；陷入苦恋的尾山神社却只能无声地倾诉东茶屋街的无情……石川，石川，木石前约，海誓山盟，川流之间，蜿蜒的不过是多彩的爱恨、淡淡的思恋……

❶ 雪中的白山麓石桥 ❷ 白山麓飞流直下的瀑布 ❸ 樱花烂漫的兼六园 ❹ 兼六园中被积雪覆盖的石灯笼

石川县，位于日本本州岛中部、日本海沿岸，地形狭长，景色秀丽，境内山川广布，河流繁密，多农田湖泊，农牧业、服务业、旅游业发达，水陆交通便利。因曾为"百万石大名"前田利家的藩地，故遐迩闻名。

一万个人，邂逅石川，便有一万个喜欢的理由，或因其宁静，或因其温存，或因其浪漫，或因其多彩……然而，氤氲着彩虹秀色的石川，旖旎的不仅是风光，还有人文民俗，以及那流传自历史沧桑中的繁复手工艺：九谷烧瓷器、轮岛漆器、加贺友禅等，皆不可多得。

行走在路上，眸中总有太多的风情流转，而一边看风景，一边观民俗，于山水之间体味一种别样的人文情怀，自然也是一件极美好的事情。而在石川，那不容错过的美好，自然是白山。

雪溪潺潺，御前风露：白山

地处石川县与岐阜县交界处、海拔2702米的白山，是日本的三大灵山之一，与富士山、立山齐名。

白山是一座成层活火山，峰峦奇秀，景致烂漫。大汝峰叠石染翠，深褐色的黑百合映着阳光，俏丽别样；剑峰一峰插天，嶙峋凛然之中又带着几分天成的清新，淡紫色的白山沙参悠悠绽放，更平添了几许绝巅秀色；御前峰上，绿萝淡雅，碧草芳菲，憨憨的月轮熊总会偷偷地躲在树下，抱着一束洁白的银莲花傻笑；本峰之上，则自有一番大自然的神功造化，潺潺的雪溪微漾着碧色的涟漪，宁静的千蛇池总倒映着蓝天与白云的恋情，池畔的天竺葵则用独属于火山的绯红张扬着一份白山风露的浪漫，衬着本峰那得天独厚的火山地貌，自别有一番风情。

梅香已尽、柳眼初开的季节，漫步白山，残雪中茵茵的翠色总能将胸中所有的不美好尽数沉淀。半夏花开，遍野葱茏的时候，山腰的毛榉林在白山风露的点缀下澎湃成了一片片的树海，一眼望去，汹涌的"绿滔"映着朝霞，唯美异常。而当漫山红遍、层林垂金，全长33.3千米的白山超级林道便自然而然地被渲染成了五彩斑斓的别致，福部瀑布水声激荡，如银河垂落，瀑下泉水叮咚，花红水绿，碧波映着红叶，出尘且妖娆。琼林染雪，皑皑苍苍时，一地的白渲染着一山的寥落，也自有一番风味。

温泉深深，浪漫满屋：加贺温泉乡

告别白山，邂逅加贺，流转于双眸中的奇秀与斑斓立即在暖暖的水雾中化作了缱绻。

加贺，是石川名埠，历史悠久，人物俊秀，山代、山中、片山津、粟津四大温泉用一种别样的深秀延展着关西的无限烂漫。

广袤森林用自己的苍翠书写着加

>>Look | 61

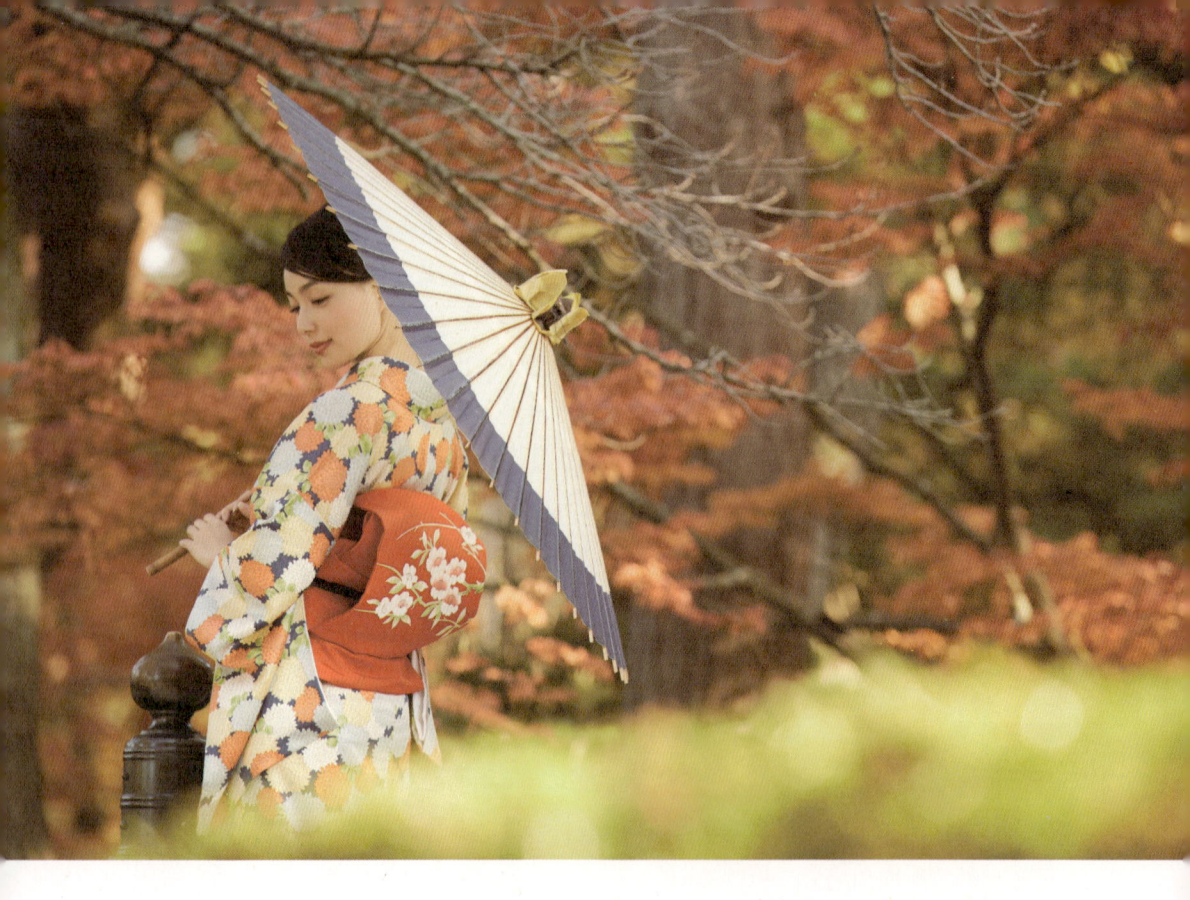

▲ 兼六园的秋别具风情，满树的红叶在暖阳下尽显妖娆，许多女子身着和服来此拍照，留下秋的美好瞬间。

贺的童话，山中、林中，鳞次栉比的传统建筑错落地交织成了一幅绝妙的山水画卷。夏夜蝉鸣时，静静地泡在温泉中，听着风声、水声、人声，映着月光、灯光、水光，无论是谁，总会情不自禁地有一种心灵被荡涤的轻松感与纯净感。

泡过温泉之后，坐在雕花的窗棂边，或一人对月独酌；或与心爱的人一边轻轻地啜饮着温热的茶，一边默默地观赏风景；或与三五友人，一边品尝着加贺会席菜料理，一边欣赏艺伎的歌舞，那翩跹在风中的袅娜，氤氲着秀色的绛唇，总能令人浮想联翩。

若无意于那传说中的浪漫邂逅，享受温泉之后，则不妨去别处逛逛。温泉乡中有许多古老的工艺作坊，在这些浸润着古老时光的作坊中，你我不仅能见识到那镌刻着沧桑的各种工艺品，还能卷起袖子DIY，八音盒、陶瓷、糕点、清酒，等等，只要你想，都能尝试一番。

当然，若有余暇，日本四大时代村之一的加贺百万石时代村，山中温泉畔风雅的桧木质蟋蟀桥，那谷寺重岩洞窟中的千手观音，也可以去看看。

樱飞雪，金泽多烂漫：兼六园

石川樱飞雪，金泽兼六园。在石川，首府金泽本就是一个传奇，而兼六园，则是传奇之中的传奇。

兼六园，是日本三大名园之一，与茨城县水户市的偕乐园、冈山县的后乐园同辉。

"兼六"之名，源自中国宋代著名诗人李格非的《洛阳名园记》，取其兼具"宏大、水泉、人力、幽邃、眺望、苍古"六胜之意。

与日本的许多名园一样，兼六园也是一座造景园林，原为加贺藩藩主前田利家的私宅，但和其他名园不一样的是，兼六园不是一座坐观式园林，而是一座回游式园林。处一室之地，自无法将满园的芳菲尽览，要体味兼六园的绝代风华，必要身临其境。

园内，假山堆叠，曲水流觞，林泉错落，繁花缀锦，亭台楼榭之间有碧色妖娆，有红粉争妍，却又非大开大合。或许，不经意间轻移一两步，转过假山，便可见另一番花草繁茂、奇石错落的胜景。

牵着爱人的手，一起漫步兼六园，不知不觉间，便有了探访桃花源的猎奇之感。

每年柳吐新绿、草长莺飞的时候，数百株染井吉野樱花树争先恐后地将娇容绽放，柔柔弱弱的樱花瞬间便汇成了一片绯红的花海，恬淡的花香伴着如粉雪般凝固了浪漫的樱花瓣，着实令人迷醉。

而冬日来临时，纷纷扬扬的雪花漫天飘落，丛丛簇簇的树木，因装有"防雪吊绳"之故，不经意间便化作了一座座银装素裹的伞状白塔；连绵的"白塔"映着红梅，于素雅之中更添了几分如火的热情。

前田的温馨：金泽城

邂逅了兼六园的樱飞雪，便没有理由不直面金泽的葱茏绿。

金泽城，是前田家族的主城，16世纪时，前田利家将居城从七尾迁到了金泽，从此，金泽与前田便结下了剪不断、理还乱的不解之缘。

若你曾与大阪城、名古屋城等名城擦肩，拥抱金泽时，便会忍不住为它的小巧与别致感叹。

的确，和兼六园比邻的金泽城真的很小，但小得别致、小得玲珑、小得温馨。

盛夏时节，繁茂的花木将金泽装点得一片葱茏，清新明丽的绿镶嵌着澄净的天空蓝，于灰瓦白墙之间，自然而然地荟萃着历史的精致。娇小中雕刻着伟岸的石川门巍然屹立；三十间堂前，流泉蜿蜒着柔情；哪怕是复建的菱橹，也用一抹缱绻的灰将古韵流转。

去日本，这么近，那么美

▲ 金泽城天守阁

樱花烂漫时节，去金泽城，可以感受到那份别于大阪城的小巧精致和唯美浪漫。

因为曾经毁于战火，所以，金泽城内池廊迤逦，花木深深，建筑却很少，但每一座建筑都独具特色、风格别样，尤其是天守阁那仿佛向冬天借来的雪色屋顶，在夏花烂漫、秋叶红遍的时节，更别有一番情趣。

脉脉的守望：东茶屋街&尾山神社

说起来，浪漫之于石川，从来都是浅浅的、淡淡的，但在金泽，一段相望而不得的凄美爱情却将这份浅淡蒸腾成了远天浓得化不开的火色云霞。

洋溢着浓厚江户风情的东茶屋街，便是故事中的那个她。

作为三大茶屋街之一，东茶屋街没有西茶屋街的繁华，也没有主计町的雍容，却用浸润着青苔古色的石板路和路边鳞次栉比的一栋栋木屋演绎了一种别样的精致。

东茶屋街并不长，街边也没有什么时尚的店铺，没有Pub，没有酒吧，没有俱乐部，有的只是料理店和土特产店。夜幕降临时，星星点点的灯光与木屋前或粉白或绯红的灯笼交辉，炫彩中自带着一分宁静。

随意走进路旁的店铺，店中素朴的雕花、随意摆放的一两件陶器，也能赋予那躁动的灵魂一份安宁。

毕竟，她原便是安静的，安静地守望着她生命中的另一半——尾山神社。

始建于1599年的尾山神社位于金泽市中心香林坊北侧，原是前田家的宗祠，是一座非常日式却又点缀着几分欧洲色彩的寺庙建筑。神社的门楼高大轩敞，带有欧洲宗教风情；神社本社则威严古朴，萦绕着淡淡的异域风情；顶楼的荷兰彩色玻璃花窗更别有几分

Look >>

苍古中的现代气息。入门处的大鸟居沉静的黑色给人以神秘之感；神社内，前田利家的塑像虽有几分斑驳，却仍有一种难言的大气。庭院深处，松柏森森，池塘深碧，更添无限清幽。

蓝色星空的梦幻：21世纪美术馆

走出尾山神社，无论是谁，心中总难免有几分怅然。此时，到金泽21世纪美术馆逛逛，舒缓一下心绪，倒也是不错的选择。

美术馆位于金泽市中心，是一家现代艺术气息浓厚的场馆，自2004年10月开馆以来就备受瞩目，尤其是外观。

从外面看，整个美术馆就是一个呈漂浮状态的扁球形岛屿，低矮但不失堂皇，银灰色的玻璃幕墙在阳光下绽放着奇幻的光辉，视觉冲击感十足，也难怪威尼斯建筑双年展金狮奖花落其家。

美术馆的幕墙剔透别致，将周围的鳞次栉比的建筑巧妙地融合在了一起。馆内有诸多艺术展厅，囊括了书法、绘画、摄影等方方面面。这其中最著名的却无外"虚幻游泳池"和"蓝色星球天空"。

远远望去，"游泳池"池水清透，池中似有男男女女伫立嬉闹，行色各异；走进去却才发现，所谓的"人"不过是一种海市蜃楼般的虚幻；而那剔透的"池水"也在中央那厚50厘米的水层的作用而转换了视角，呈现出另一种不一样的瑰丽。

"蓝色星球天空"与"虚幻游泳池"一样，视觉冲击感都十分强烈，但不同的是，"蓝色星球天空"所呈现的景色更加恢宏壮丽。深蓝的天空，点点的繁星，各色各样绚烂迷人的星球，一道道划破了混沌的流星，不知不觉就令人深陷星际大宇宙时代，难以自拔。

畅游星空之际，恍惚回神，方知已然深陷梦中，回首再看美术馆那直径1125米的浑圆身躯，心中难免有眷恋蒸腾。但眷恋归眷恋，行走的脚步却不会因眷恋而停驻，因为，前方等待着我们的美好还有很多很多，譬如手取川坝、见付岛、能登金刚，等等。

走在路上，纷扬的四季，明灭的喜乐，交织着太多的醇美，邂逅石川，便恍若投身于现实的梦境之中，美好中带着一丝妙丽的多彩、一丝无瑕的思恋，所以，还等什么呢？赶紧来吧！

旅行·印象
九谷烧

九谷烧，石川名产，是日本极富艺术色彩的一种彩绘瓷器，源于九谷，至今已有近400年的历史。石川地区有不少九谷烧作坊，也有不少著名的陶器匠人，如内海吉造、石野龙山、阿布碧海等。

去日本，这么近，那么美

▶ Yamanashi

五湖八海，山梨就是一个传说

当玉扇于东海之中倒悬，当夕阳在五湖之中沉落，忍野村中万家灯火映着阑珊，八海的清波迤逦的不过是芝樱之畔万年雪的传说。然而，万年花都，香草雪舞，庭院深深的碧草倾慕的却只有那真正不泯的传说——山梨。

山梨，旧国名为甲斐，位于日本本州岛中枢腹地，东濒东京，西临长野。境内高山环围，盆地迤逦。桂川蜿蜒着甲府盆地的富饶，富士山倒映着五湖的荣光，繁茂的森林则在淡淡阳光下葱茏着一曲山地的礼赞。

作为甲斐源氏的"龙生之地"，被山地的粗犷所渲染的山梨总在不经意间将亘古的轻柔流溢；蜚声全球的葡萄酒，剔透唯美的白水晶，页页芬芳的和纸……所有的一切，都为山梨镀上了一层似乎本就应该属于它的传奇色彩。

山梨是旅游胜地，辖下13市、8町、6村，处处皆美景，无论你在何处驻足，入

▼ 高铁列车从富士山脚下行驶而过

▲ 富士山脚下的樱花

眼的都是一片芳菲。然而，即便是在遍野胜景的山梨，最烂漫、最迷人的却依然还要属富士山。

日本第一"圣岳"：富士山

海拔3776米，横跨山梨、静冈两县的富士山不仅是日本第一高峰，还是世界上最大、最迷人的火山之一。在日本，富士山不仅是灵山，还是圣山，是日本的精神象征，被尊奉为"圣岳"。多少年来，它都是风流雅士们歌咏的永恒主题。

富士山不是特别高，但那圆锥形的匀称曲线却勾勒着另一种得天独厚的纯美。冬季，千里冰封、万里雪飘之时，皑皑的富士山顶映着蓝得剔透的天空，便仿佛是"青空"中一朵盛放的"芙蓉花"，秀峰巍巍，妙趣无穷。

江户时代的著名诗人石川丈山登富士山之后有感，写下了"仙客来游云外巅，神龙栖老洞中渊。雪如纨素烟如柄，玉扇倒悬东海天"的千古佳句。其他无数诗人、艺术家在领略了富士山风姿之后，也多有感慨。

漫步山麓，遥观富士山，终年积雪的山顶在艳阳下总闪烁着一抹金、银、蓝三色交织的绝美光辉。而当云雾萦峦时，天光霞蔚，须臾之间，蒸腾汹涌的云雾便能以奇妙的方式绘出上百种佳景，令人叹为观止之余，忍不住心生向往，勃发身入此山中的冲动。

山梨地处内陆，境内多山地，气候相对严寒，富士山终年积雪，唯七八

▲ 临湖观景，雪峰异样的光彩依稀倒映在湖水之中，别有一番韵味。

月时，万物复苏，绿意萦怀，为最佳登山季。

富士山周围的登山口有4个，从山顶到山麓，整段路程被分为十合目，海拔2305米的五合目为山麓巴士的终点站，也是多数登山爱好者的登山起点站。从五合目一路向上，山路迤逦，登顶需6小时左右。

海拔2000米之上的登山道，不同于山下的风景秀美、湖泊密布、野趣深深，入眼的多是属于火山熔岩独有的暗褐。行走在路上，整个人也总有步步深陷的感觉，走得深了，人也有些"不识庐山真面目"的恍惚。及至登顶，凛冽的山风将一脸的迷茫吹散，一大一小两个火山口如云海中盛放的白莲一般仙姿盛大。盛名遐迩的富士八峰似两条翩翩的玉带，向两侧蜿蜒着主峰的雍容。苍古的林木间，古色古香的久须志神社和巧致中萦着大气的浅间神社则是"朝圣者"们的必游之地。

若时间允许，不妨在山顶住一晚，看看日出。凌晨四五点，金乌东升之时，火色的光芒渲染整片天空，漫天的霞彩装点着万木千花，瑰丽雄奇，气象万千，委实令人沉醉。

万里雪琉璃，芝樱祭香草：富士五湖

富士五湖，皆在富士山北麓，自西向东依次为本栖湖、精进湖、西湖、河口湖和山中湖。

五湖海拔不一，大小各异，四时风光各有千秋，却源出一地，皆是火山熔岩倾泻形成的山麓堰塞湖。

五湖之中海拔最低，也最负盛名的是河口湖。

河口湖位于五湖中心，深14.6米，面积5.57平方千米，湖岸线曲折，湖水碧透澄澈。阳光晴好的日子，明净的湖水将富士山倒映，蓝天、雪峰、碧水，层次分明的俏丽间自有几分宁静萦绕，湖中的富士山与真实的富士山盈盈交辉，相映成趣。这便是著名的"逆富士"景观。

　　初夏时节，河口湖畔十万株薰衣草将整片大地都染成了高贵的紫色。融融月光下，一派紫意盎然，薰衣草的紫与富士的白，在河口湖的碧色中，更显平和典丽。深秋时节，环湖五百余株红枫蜿蜒成一条红黄相间的绝美缎带，山连水尾，水映霓虹，胜景空前。彼时，无论是漫步或骑行湖畔，还是在湖畔泡温泉、钓鱼、划船、玩帆板，都别有一番情趣。

　　邂逅河口之后，不妨一路向西，去拥抱西湖。

　　西湖，又名西海、乙女湖，是富士五湖之中最宁静、最幽深、最神秘的湖泊。西湖不是很大，微微漾动的湖水和着清风，就仿佛被织入了水中的一片蓝天，蓝得澄净，蓝得幽邃，蓝得明媚，蓝得梦幻。湖西，青木原树海似是一块碧玉琉璃，映着蔷薇的绯红、日光的碎金，婀娜异常。树海之侧，有红叶台，有足和田山，还有被誉为西湖两大奇景的"蝙蝠洞"和"鸣泽冰穴"。

　　西湖蝙蝠洞，是富士山北麓最大的岩浆洞穴，深达350米，终年恒温。洞内熔岩嶙峋，粗犷而奇美。凹凸的洞顶有丛簇的钟乳石倒挂，形状各异，色彩斑斓，洞内的熔岩圆顶丘及熔岩棚，是日本政府指定的天然纪念物。

　　和四季温暖的蝙蝠洞形成鲜明对比的是终年严寒、夏季也冰雪林立的鸣泽冰穴。冰穴不是特别幽深，地形也算开阔。哪怕是盛夏时节，走进冰穴，也自有一番寒气扑面。洞穴之内，剔透的钟乳石在灯光下闪着炫彩的光辉，林立的冰柱更用自己的妖娆交织着冰雪王国的绮丽。

带着一丝寻幽探秘之后的兴奋，漫步来到山中湖畔，入眼的又是另一种倾城。

山中湖是富士五湖中海拔最高、面积最大、湖水最浅的湖泊，是富士山麓最著名的避暑胜地。湖畔一栋栋小木屋氤氲着木香，湖中一只只优雅的白天鹅红掌戏清波，优雅异常。

日升或日落之时，站在山中湖畔，仰望富士山，点点阳光仿佛碎钻一般镶嵌在山巅，流光溢彩，这便是山中最有名的"钻石富士"奇景。

另外，山中湖畔还有一座占地30万平方千米的花海，名为"花之都"。花海之中日式、中式、欧式等各种风格的庭园错落点缀；郁金香、波斯菊、百日草、向日葵、樱花、秋海棠、玫瑰等各种花卉更是争奇斗妍，于四时轮转中演绎着别样的精致。"花痴"们绝不能将它错过。

客串了一把"花痴"之后，再邂逅摄影作品《湖畔之春》的取景地，观赏一下1000日元纸币上印着的本栖湖绝景，倒也不错。

本栖湖是五湖之中风景最优美的湖泊，也是著名的富士芝樱祭的主会场。每年5月初，湖畔80万株芝樱齐齐绽放。粉雪一般的樱花映着浅蓝色的湖水，与富士山相携，绘出的自是一番梦幻胜景。

观景之余，祭场的美食嘉年华自也不可错过。富士宫炒面、富士樱猪肉汤、富士鲷鱼烧、富士吉田乌冬面等美味，绝对好吃。

大快朵颐之后，带着一种迷醉的满足感来到精进湖，"东洋瑞士"的风华瞬时便能震撼你的心灵。

呈马蹄状的精进湖是五湖之中最小的湖泊，面积虽小，却能将富士的壮丽一览无余。

从精进湖观富士山，能看到富士山如怀抱幼子一般将大室山拥抱，夕阳垂落之时，"抱子富士"更添几分温馨。而夏末秋初之时，富士山层林染赤，伫立湖畔。遥望富士，就仿佛看到了一位红衣妖娆的少女，炽烈的红与无瑕的白相映，"红富士"绝景，自然盛名无虚。

田园牧歌，涌泉汤汤：忍野八海

愈是迷人的风光愈需要恬然的野趣相映，于富士五湖而言，忍野八海便是天成的野趣。

八海，很大气的名字，景点却异常迷你。八海位于山中湖与河口湖之间的忍野古村内，是一片涌泉群。

一千二百多年前，富士山雪融，经过地层过滤之后，在忍野形成了八个错落的泉池，分别为御釜池、底无池、铫子池、浊池、涌池、镜池、菖蒲池、出

▲ 忍野八海的平均水温约十三摄氏度，水质清冽甘甜，被誉为"日本九寨沟"。

口池，亦即"八海"。

　　八海皆清浅，水深不过10米左右，水质清冽，入口甘芳，明澈可见池底细沙。池中有锦鲤、花鲷等各种鱼类游弋；池畔茂木繁花、清新烂漫，自然之中透着一股浑然的精致。

　　池中水，可饮用，也可用于烹调，八海之水酿制的泉豆腐更是当地一绝。通常八海之水都是免费的，池畔均有自助饮水点，游客可自由饮用。若是有意，也可到村中的土特产店中买几瓶带走，价格还算实惠。

　　相形于富士五湖，忍野八海自然相形见绌，但在忍野吃着草饼、喝着"海水"泡的咖啡，遥观富士，却也是一件相当浪漫的事情。

　　八海所在的忍野村是一座洋溢着浓浓日式古风的小村庄。村中田地阡陌，炊烟袅袅，木质的小屋边、白色的栅栏上有绿藤交缠、野花错落。袅袅炊烟升起时，伴着孩童的嬉笑，更别有一种田园牧歌般的情怀。

　　作别八海，仍不尽兴的话，也不妨去其他地方转转。南阿尔卑斯国立公园中，凤凰三山、白根三山掩映着妩媚；清理高原上辽阔的草场延展着"净土"；御岳之畔奇妙的岩石料峭着升仙峡的璀璨；巨摩公园里杜鹃的绯红则倒映着尾白清溪的烂漫。

　　有人说，佳期如梦，旅途如诗，每一个行走在山水时光中的人都有着独属于自己的梦与诗，或平平淡淡，或堪为绝响。或许，山梨并不是你心中最纯美的那首诗，但与它相遇，你，终归无悔！

旅行·印象
温泉水滑洗凝脂

　　日本是一个多火山多地震的国家，地热资源丰富，温泉众多，山梨虽不以温泉著名，但县域内的温泉乡也有不少，如汤村温泉乡、增富温泉、西山温泉乡、下部温泉乡、石和温泉乡等，观景之余，不妨去泡泡温泉，解解乏。

>> Look | 71

去日本，这么近，那么美

Nara

奈良，吉野山上的春日烂漫

岁月的流岚澎湃着吉野的怅惘，历史的潮水冲淡了春日的传说。弯下腰，在二月堂畔捡拾一片色彩斑斓的贝壳；法隆寺前，梅花鹿追逐着盛唐的繁华。古城如海，每一朵浪花翻卷的都是思念，是清隽，是唯美……

奈良，古称"平成京"，平成时代日本的首都，位于近畿地区中南，纪伊半岛中央，东滨三重县，西接大阪府，总面积3691平方千米，为日本著名古城，东亚文化名都，世界历史名城。

古时的奈良，物阜民丰，平和雍容，承袭着盛唐时代的点点历史流岚。即便今时今日，奈良的古香中浸染了太多现代的气息，但那剪不断、理还乱的盛唐情缘却依旧眷眷难解。

走进奈良，就若走进了一幅山河画卷。画卷之中，社寺琳琅、古迹森森，自然的秀美之中氤氲着一抹佛韵。

平成时代崇佛，被盛誉为"东方罗马"的奈良也是日本的佛都。一座座千年古刹历经风雪硝烟，仍屹立巍然。绚烂的彩绘，精致的雕梁，于无声处叙述着一段又一段不为人知的过往，神秘而清雅，而其中最清雅的，当属唐招提寺。

▶唐招提寺饱含鉴真高僧的心血，绽放在日本的土地上，历尽岁月沧桑，容颜不改，精神不衰。

鉴真大师的遗泽：唐招提寺

始建于759年的唐招提寺，是日本天皇以皇七子的旧宅为根基，为唐朝高僧鉴真修建的道场，由鉴真本人主持建造。"招提"，意为"在佛祖身边修行的道场"。

唐招提寺位于奈良西京五条町，殿宇重重，亭阁轩敞，既糅合了天平时代和天安时代的日本建筑精髓，又洋溢着浓浓唐风。

寺院正门，"唐招提寺"的牌匾虽历经了千年的烽火沉浮，却风华不减，笔法秀逸，柔雅中带着磅礴大气，相传，乃是孝谦女皇御笔亲题。步入寺中，但见松柏葱茏、殿阁堂皇，一池碧水之间，莲叶接天，菡萏飘香，淡淡的粉红掩映着往昔如诗的繁华。主殿金堂是天平时代的典型建筑，面阔七间，殿内供奉着一尊以脱乾漆建造的卢舍那佛像；卢舍那佛两侧还有一尊千手观音像和一尊药师如来像，皆以奈良最著名的木心干漆工艺建造，精致典丽，端庄肃穆，为日本国宝。

金堂之后，是讲堂。当年，六渡日本的鉴真大师与他的弟子们就是在这里为日本民众宣讲佛法，金口玉言，传扬涅槃真意。如今，在讲堂主殿的弥勒佛供像两侧还保留着当年用以开坛传法的华盖和法坛。另外，讲堂的藏经室内还收藏着不少鉴真大师从大唐带来日本的佛教经卷。

距离讲堂不远，还有一座重檐歇山的庭院——御影堂，御影堂也

是唐招提寺中人气最高的地方，因为这里供奉着鉴真大师的坐像。坐像高约1米，面向西方，双眸紧闭，唇边带着一丝淡淡的微笑。他结跏趺坐，双手合十，虔诚之中自带着一股堂皇的气度。每年6月6日鉴真诞辰日前后，御影堂会特别开放三日，供香客、游客悼念这一代高僧。

御影堂前，是鉴真墓，墓地不是很宏大，婉约巧致，墓地周围花木繁茂，有牡丹、芍药、桂树、松柏，还有移植自鉴真故里扬州的琼花。一瓣琼花一片情，或许这万千琼花，也能略解大师身在异国的相思之痛吧。

飞鸟的荣光：法隆寺

依依作别唐招提寺，悠悠佛晕依旧萦怀，彼时，邂逅法隆寺，自别有一番意趣。

法隆寺，又名"斑鸠寺"，始建于607年，是日本历史上颇负盛名的佛教建筑。主持兴建法隆寺的圣德太子笃信佛教，佛教能在日本大兴，太子功不可没。

占地面积19万平方米的法隆寺，是日本最古老的寺院之一。寺内建筑皆为木构，巧夺天工，为世界文化遗产。寺院位于奈良县生驹郡斑鸠町，寺分东西两院。

东院迦蓝为圣德太子旧居遗址改建，主殿梦殿为一座八角圆堂，檐角重重，碧瓦琉璃，满溢着南北朝时期的风情。殿内供奉着以圣德太子为原型的救苦救难观世音大士像，传说极为逼真。遗憾的是，梦殿并不对外开放，我们也只能透过那雕花的古朴窗棂略窥探一下殿内的雍容。

相比于东院，西院的建筑更具有西方净土的淡泊气息。主殿金堂古朴大气，云肘木斗拱，看似两层，实则一层，曲线流畅而优美，檐角与立柱上雕刻的龙形图案更彰显无限大气。四壁彩绘虽曾遭祝融之祸，但大部分都留存完整，画法精致，着色独到，为飞鸟时代难得一见的艺术珍品。

金堂外不远，绿树葱茏之间掩映着一座古色古香的五重塔。塔内供奉着释迦牟尼的舍利子，塔身四侧，皆有壁画，其中尤以北侧的释迦牟尼圆寂像出名。五重塔畔，为大宝藏院，院内陈列着不少观音像，如百济观音立像、九面观音立像等，皆为不世奇珍。

◀法隆寺的建筑样式受中国南北朝建筑风格影响很大，是所谓"飞鸟样式"的代表。

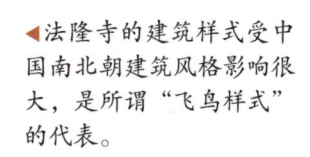

▲ 奈良春日大社里错落的铜质宫灯

春日"欧巴",送我一只小鹿吧:春日大社

奈良是日本闻名遐迩的"社寺之都",除了建于不同年代、洋溢着不同时代风格的佛寺,奈良的神社也是古都一道亮丽的风景线,而神社之中,春日大社冠其首。

始建于710年的春日大社是日本神道教的本社,世界文化遗产,位于奈良城东春日山脚下,绿树环围,苍翠秀丽。午后,沿着被融融阳光与淡淡树荫交织的长长表参道一路前行,萌萌的小鹿便成了你我眸中最优美的幻梦。

相传,鹿为神灵坐骑,为世间祥瑞。是以,奈良对梅花鹿总怀着一份难以言明的深情。

春日大社中,碧草芳菲,茂密的丛林,翠叶晶莹,小鹿们或三五成群,或两三结伴,追逐嬉戏,好不欢快。见到行人,它们也不怕生,相反,还显得很亲昵,会好奇地凑过来,睁着琥珀般的眼眸侧着脑袋看着你。那般灵性,那般活泼,远比表参道上蹲着的那尊石鹿雕像要可爱得多。

神社本堂前的表参道并不是特别宽阔,细细的石阶蜿蜒向密林深处,颇有些曲径通幽的神秘感。路畔一千八百多盏石质常夜灯错落地矗立着,灯笼表面浅浅的青苔,氤氲着一股别样的禅意。

表参道尽头是春日本社。社内林木森森，朱红的门廊，炫彩的建筑，火色的屋瓦，错落的铜灯，沉淀着历史，雅致中带着一抹清清浅浅的宁静。庭前一株700岁高龄的紫藤虬结盘踞，枝丫伸展。阳春三月，紫藤花开时，置身其间，便仿佛陷入了一片淡紫色的花之绮梦之中。

除了本社，春日大社之中还有大大小小其他11座神社，如夫妇大国神社、金龙神社等。沿着三方回廊绕神社一周，苹果庭院中那苍古且明丽的苹果树和直会殿内那破顶而出、一枝参天的古柏固然令人惊艳，但回廊周围密密麻麻的铜质宫灯更别有一番韵致。尤其是每年2月和8月，万灯节期间，神社内所有的灯笼都会彻夜长燃。灯火如龙，映着星光，在碧空下壮丽异常。

佛前叩首，二月花开：东大寺&奈良公园

漫步林荫，缓缓独行，作别了春日芳菲，不知不觉间便走进了毗邻的奈良公园。

奈良公园是城东的一座开放式公园，占地面积广阔，东西长4千米，南北长2千米。公园内草木深深，开阔的草甸连绵，郁郁苍苍的密林更交织着大自然最盎然的古意，成百上千的野生梅花鹿在此栖居，以之为乐园。小鹿们或是在茵茵碧草间沉默地觅食，或是在淙淙溪水上跳跃追逐，或是在紫藤绿萝下相偎相伴，或是卧在凉凉的青石上悠然地晒着太阳，神态各异，都萌得不得了。

向四处看，绿树间也有社寺的塔楼与重檐隐约。除了东南的春日大社，北面的东大寺也蔚为壮观。

东大寺，又名"大华严寺"，为日本佛教华严宗大本山，世界文化遗产。主殿大佛殿为世界上最大的木造古建筑，气势磅礴；卯榫之间，自见机巧，画栋雕梁，别添华贵。殿内供奉着一尊卢舍那佛像，高16米，通体为青铜浇筑，古朴庄严，凝肃大气，为世界青铜佛像之最。

▲奈良公园一年四季美景如画，最令人瞩目的是在宽阔草甸上悠闲漫步的鹿群，因与春日大社流传的白鹿传说有关而受到保护，还被指定为国家自然保护动物。

>> Look | 77

去日本，这么近，那么美

佛殿内光线稍显晦暗，绕佛像一周，可见一底部被洞穿的木柱。相传这是卢舍那佛的鼻孔，谁若是能从中穿过，便能得佛祖庇佑，一生平安喜乐。所以，一年四季，无论何时，你总能在大佛殿中看到一群群排队等待着"穿鼻孔"的人，那场面当真是有趣。彼时，身处其中，你定然会嗟叹自己的身材为什么不迷你一点。不过，嗟叹归嗟叹，美好的旅途却仍要继续。

离开大佛殿，一路向东，爬上若草东坡，二月堂的石灯笼悄然之间便再次将你拉入了另一场梦境。

二月堂不大，堂内供奉着两尊观音像，是以，又名"观音堂"。黄昏时分，夕阳斜照，沐浴着霞光，站在二月堂西侧的楼廊上，能俯瞰整个奈良；特别是一城的霓虹舞动着深雪的时候，俯览之间，豪情满怀。

▲ 大东寺殿内供奉的一尊佛像，古朴庄严，凝肃大气，每年都会有无数的游客前来祭拜。

吉野春深，樱花静舞：吉野山

再美好的风光，看久了，也总让人心中生出一抹倦怠，若社寺的荣光已无法让你的心飞扬，倒不如重新放开胸怀，将吉野山拥抱。

吉野山，位处奈良县中部，是著名的佛教修行胜地，以金峰山寺为中心，地域广阔，寺庙林立，吉野之樱，更冠绝日本。

樱花，在日本被誉为神木，一直备受推崇；氤氲着佛光的吉野千本樱更浪漫别样。

吉野山不算高，从山麓到山顶，遍植樱花树。融

Chapter 3 ● 樱飞雪，卷起浪漫满帘

▲ 每到樱花盛开的时节，吉野山上就开满了粉红色的樱花，被称为"吉野千本樱"。

融春日，吉野的樱花按照山麓、山腰、山间、山里的顺序渐次开放，浪漫的粉夹杂着圣洁的白，在微风中徜徉、飞舞、盛放、飘零，恬然中带着几分出尘的静美。春去夏归，五颜六色的山花装点着斑斓。秋落冬迎，雪中红枫更飒飒然勃发英姿。四时之景不同，吉野的山中之乐自也无穷。

告别千本樱，在吉野恋恋的目光中，你我远离，还来不及说不舍，眸中便有各色的风景流离。奈良町古老的民俗风情，吉祥堂小巧的红色替身猿，猿泽池畔的百年采女祭，兴福寺中的狞狞阿修罗，宝山寺的弥生欢喜佛，甚至街头巷尾、鳞次栉比的古老房屋，散发着奇异香味的飞鸟火锅、葛粉料理，也都带着不一样的奈良风。

或许，奈良真的不是一座时尚的城市，但邂逅奈良，感受着奈良的古老与优雅，无论是谁，都会情不自禁地与她热恋一场，且一恋倾城……

旅行·印象
鹿宝宝见面会

奈良古城，是鹿的天堂，每年6月初，古城内都会有一场别开生面的鹿宝宝见面会，具体时间，以官网信息为准。

>>Look | 79

Aomori

青森，弘前君，人家的苹果呢

人说，每一座城市都是一首清歌，旋律悠扬，千差万别，唱遍的却是天涯何处的古朴。青森，是个什么样的地方呢？十和田湖上，翠色袅袅；奥入濑溪边，睡魔与白神对谈；然人间十月，最芬芳的季节，邂逅青森时，你也好，我也罢，大概都会脱口问一句：弘前君，人家的苹果呢？

身体与灵魂，总要有一个在路上。

许多时候，当我们与日本邂逅，最先想到的总是东京、大阪、神户、名古屋等名城，抑或北海道、冲绳等著名的度假胜地；而青森，则鲜少被提及。事实上，青森也的确是一个比较小众的地方。

青森是日本本州岛北端的一个县，三面环海，濒陆奥湾，四季分明，景色秀美，农业发达，森林覆盖率高达70%，为富士苹果的发源地，县域内油菜、马铃薯的产量及渔获量也很丰富。

由于水土条件、风俗习惯、语言文字、历史渊源等各有千秋，青森一县被划分为三大地区，分别为以青森市与弘前市为中心的津轻地区，以陆奥市为中心的下北地区及以十和田市和八户市为中心的南部地区。

不同的地区，风光与民俗自然迥异，但每一处又都同样令人向往。津轻的"睡魔节"、八户的"沿走利"、下北的"能舞"都带着浓厚的地方特色，繁华中带着古风。

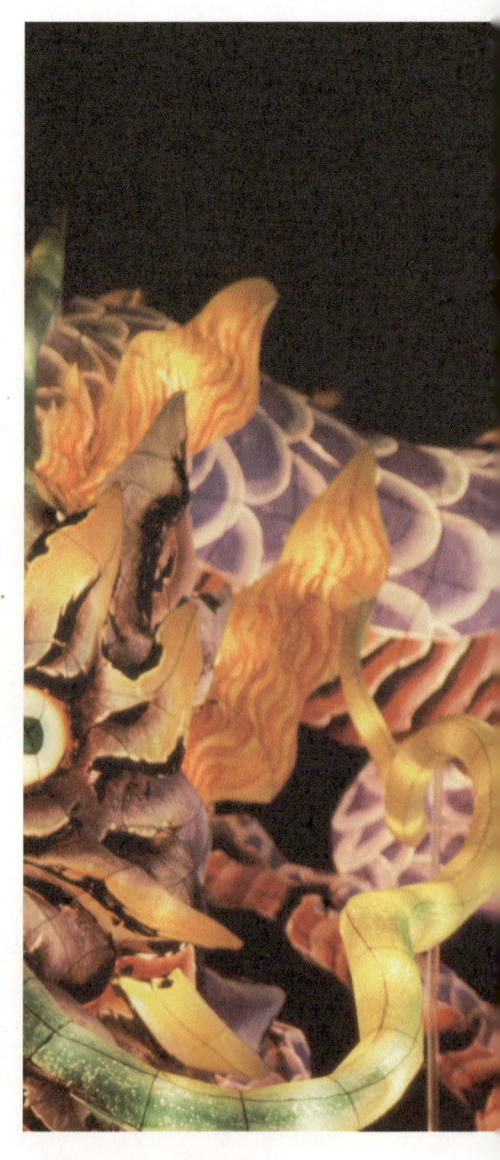

▲ 睡魔节彩灯花车大游行

Chapter 3 ● 樱飞雪，卷起浪漫满帘

另外，除了风俗，青森的自然风景与人文情怀也同样出彩。

虽然青森的县域不大，在日本仅位居第八，名不见经传，但青森县内却有多处世界自然遗产及文化遗产，如白神山地、佛之浦、三内丸山文化遗址、弘前公园等，其中，又以享誉全球的白神山地最为著名。

大自然的博物馆：白神山地

白神山地是横跨青森与秋田、连绵1300平方千米的一片广大山岳地带的统称，也是青森的第一地标。

漫步白神山地，就仿佛走进了一座浑然天成的自然博物馆。各种各样的高山植物、阔叶植物、瑶草花卉默默地用

>> Look | 81

▲ 进入秋季，白神山地山毛榉林迎来了一年中最美的时节，阳光照在高大广阔的树冠上，五彩斑斓，格外耀眼。

自己的色彩编织出了一条纯美的彩带。彩带之上，最耀眼的自然是那片占地万顷、一望无垠的原始山毛榉林。这片山毛榉林，不仅是日本最大的山毛榉林，也是世界上最大的山毛榉林。晨曦初露之时，山毛榉互生的叶片在阳光的折射下张扬着明媚的绿色，温暖中带着活泼，清新到令肺欢呼的空气则成了满目明媚之中最优雅的伴奏。

无须特别深入，只稍稍在山地的外围走上一遭，山中那或妩媚或娇憨或威猛的各种动物便令你瞬间眼花缭乱。白神山地的动物并不是特别多，但却格外奇异。譬如，翱翔在山地流泉旁的那一对金鹰，举世无双；毛色黑得可爱的啄木鸟、月轮熊、黑熊、日本猕猴等，更为这片山林增添了无限亮色。

白神山地地形广大，复杂多样，而多样的地形又孕育了多样的风光。错综的峡谷间纵横的沟壑沉淀的是溪水千年的恋歌；峻拔的山峰下一块块奇石则嶙峋着山地部落最无瑕的隽美。白神的山都不高，但山不在高，有仙则名，白神之神，则全部氤氲在了十二湖的波光之中。

不同于壮丽磅礴的暗门瀑布、婉转轻扬的真濑溪谷和秋色旖旎的太良峡，被山毛榉众星捧月般环簇的十二湖湖沼群显得额外静美深邃。尤其是十二湖中的青池，钴蓝色的湖水倒映着幽蓝的苍穹，点点繁星，趁着云雾，璀璨中自有一缕天然的神秘缭绕。而当这份神秘在十二湖中悄悄地晕开，那秀秀清清的婀娜，恬恬淡淡的妩媚，不经意间便化作了几分不泯的情愫。情之所系的，自然是八甲田。

▲ 当万山红遍之时，十和田湖犹如身着彩衣的俏丽姑娘，洒脱随性，又分外妖娆。

双峰连秀色：八甲田山&十和田湖&奥入濑溪

八甲田山，位处青森中部，是一片连绵的休眠火山群。北八甲田山以大岳峰为主峰，南八甲田山则以栉峰为主峰，两峰之间，悠悠的原始森林与多样的高山植物蜿蜒着秀色。山间溪流潺潺，泉池明澈；陡峭的崖壁间瀑布倒挂，恍若银河；溪流上游，溪谷错落，随处可见的湿地原野、温泉沼泽，更仿似天地用另一种笔法勾勒出的别样壮美，而这份壮美，其实是八甲田为"青梅竹马"的十和田准备的最美的"蝴蝶结"。

十和田湖，是一座双层破火山口湖，因火山喷发后喷火口陷没而形成。天气晴好的时候，站在湖畔，遥望远山，起伏的淡蓝色曲线延展着明媚的蔚蓝色苍穹，映着剔透而湛蓝的十和田湖水，层层叠叠的蓝，深浅不一，再缀以岸边郁郁苍苍的碧树、浅浅淡淡的草场和草场上纯白的休闲椅，水色山光，绝美如画。尤其是秋季，万山红遍之时，十和田湖便若那新嫁娘，袅袅娜娜，含羞带怯，一身大红的"喜服"，秀

Chapter 3 ● 樱飞雪，卷起浪漫满帘

>> Look | 83

美异常。而作为她"伴娘"的奥入濑溪，虽非风华绝代，却也倾国倾城。

奥入濑溪是以十和田湖为源的一条溪流，不壮观、不繁华、不磅礴、不大气，却别有几分灵巧与精致。从湖口到烧山，溪水全长约十四千米，沿岸松柏森森，七角枫连绵，叮叮咚咚的水流随着地势的起伏而不断变幻，辗转之间，便汇聚成了瀑布千般。云井瀑布云蒸霞蔚，恍若天池；铫子瀑布雄壮宏丽，如珠玉般溅落的水花在湍流之间连缀着条条七彩的珠链；其他大大小小的瀑布，也或妍丽、或清新、或俏美、或灵动，雪色氤氲之间，彰显着种种不同的景致。特别是春秋时节，樱花盛放、红叶满山之时，奥入濑溪的风光更加生动旖旎。

绽放吧，樱花：弘前公园

奥入濑溪的樱是大自然的雍容，弘前的樱，则是盛世的礼赞。

作别奥入濑溪，邂逅弘前，无论是谁，总会不知不觉间便为那满园的春樱而驻足凝眸。

弘前是座不大的小城，乡土气息浓厚，以弘前城为中心的弘前公园则是弘前千年不泯的地标。

弘前城，又名"鹰扬城"，为津轻名城，弘前津轻氏世代以此为居城。江户时代，曾为津轻政治、经济、文化中心，有"陆奥小京都"的美誉。

虽然，相比于大阪、熊本、名古屋等日本名城，弘前城不够雄伟，也不够轩昂，但它却是迄今为止保存最完好的一座古城，城中心黑白相间、剪裁着岁月的天守阁更是津轻一绝。

当然了，邂逅弘前，领略古城的俊秀与风华还在其次，你我心心念念最多的，还是樱花。

弘前公园是日本的赏樱胜地，园

Chapter 3 ● 樱飞雪,卷起浪漫满帘

▲ 弘前公园是日本赏樱胜地,每逢春日花开之时,来这里赏樱的人络绎不绝,或驻足观赏,或拍照留念。

内处处皆樱,且樱花的种类齐全,里樱、枝垂樱、染井吉野樱等应有尽有。春日赏花之时,与心爱的人沐浴着星光,徜徉在粉白与绯红相间的花海之中,鼻尖淡香萦绕,脚下落英缤纷;樱花树下,护城河边,一排排粉白色的纱灯闪烁着夜色,更为樱海添了几分烂漫的情趣。

赏花时节,弘前还会举办盛大的樱花祭。祭典期间,赏夜樱自然是题中之义,但除了赏樱,各种各样的青森美食自然也不可错过。七子八珍、草莓煮、煎饼汁、

>> Look | 85

去日本，这么近，那么美

地鸡火锅、马肉火锅、酱味烤扇贝等，都是不可错过的人间美味。当然了，若你邂逅青森之时，4月的芳菲已尽，葱茏的盛夏已在逡巡，那么，青森夏祭，即青森睡魔节，便是你不得不拥抱的一处胜景。

Hi，睡魔，一起去happy吧

睡魔节，又名"佞武多节"，为青森地区最具代表性的节日之一，也是日本三大盛典之一，举办于8月盛夏，节日时间不一，但多在8月初。

睡魔节，顾名思义，是为了驱赶夏日的睡魔而特别举办的祭典，祭典的渊源众说纷纭，但多数人认为它源于古时七夕放河灯的习俗。

日本人很勤奋、很专注，颇有些中国的匠人古风，而睡魔节举办的主旨，也是为了驱散懒惰，敦促人们勤奋努力。

节日期间，整个青森都会陷入一片欢乐的海洋。

▶ 勤劳的青森人在大自然赐予的这片沃土上，培育出了让世界为之惊叹的青森苹果。它气味诱人，外形圆润，爽脆多汁。

黑发赤面、虬髯百结、形容凶恶的"睡魔"们身着战袍，手持刀枪剑戟十八般武器，早就做好了浴血的准备。夕阳沉沦、夜幕降临时，各式各样的"睡魔"彩灯瞬间华彩万丈。在"持扇人"的指挥下，一个个身着日本传统和服的"拉车人"全都铆足了力气拉着"睡魔"的彩车向前冲，势若猛虎，一往无前，直到与游人仅不足半米之距时，才戛然而止。静如处子，动若脱兔，步伐齐整，令人不由得由衷赞叹。

睡魔节时，除了彩灯花车，盛大的

游行队伍也是一道最别致的风景。

幼儿园小朋友水汪汪的大眼睛中闪烁着童真；一身彩绣红装、一手持金锤、一手持玉扇、装扮成"福神"，以赐福为名，到处"砸人"的滑稽胖大叔；身着浴袍、头戴花笠、扎着束袖带、伴着津轻悠扬的歌谣而翩翩起舞的"跳人"，以及各种造型"奇葩"的路人，便若归海的泉流一般在青森各处汇聚，汇聚成了盛大的游行队伍，也汇聚成了一派笑语中的欢脱。

若你恰好在8月与青森重逢或初遇，一定要走上街头、汇入人流，去感受一下这小城盛夏的热闹与激情。若是能在花车之下，与"睡魔"来张合影，更不虚此行。

亲爱的，人家的苹果呢？

邂逅青森，白神与睡魔的对谈不可错过，樱花与苹果更不可错过。青森是日本的苹果之乡，"世界一号""陆奥""乔纳金""阳光富士""王林""金星""津轻富士"等全都出产于此。

弘前的岩木山是津轻苹果的主要产区，山上果田连绵，阡陌纵横，成千上万株苹果树层层连缀，裹挟着阳光，交织成了一片最清灵的图画。每年3月，苹果花开如雪，一朵朵、一枝枝，依青染红，仿似月光雕琢，而莹白之中的那一抹粉红，则浅浅淡淡，犹若沉浸在绿叶中的最烂漫的思绪。

而当春秋轮转，累累的果实将万千的果枝压弯，那将碧色渐次晕染的浅黄也在凋零的最后时刻转化成了收获的金黄。一个个笑颜如花的姑娘穿梭在果树林荫之下，跨着竹篮，素手纤纤，将妙果采撷。

秋天，邂逅岩木山，苹果的红雕琢着艳阳，田边树下，肤色黢黑的老农那夹在皱纹中的温醇笑意，成了青森最真实、最纯粹、最柔和的底色。

当然，青森原就是一个多彩的地方，除了岩木山、白神山、十和田湖、八甲田山、奥入濑溪等胜景，芳菲别样的地方还有很多，譬如横滨的油菜花、三内丸的绳文化遗址、种差海岸的黑尾海鸥、津轻半岛的绣球花海、佛之浦的绿色凝灰岩群，等等。

时光如歌，岁月辗转，或许我们真的无法将青森的每一个角落都踏遍，却能将曾邂逅的所有美好都镌刻进记忆。如是，青森之旅，便也无憾，不是吗？

旅行·印象
奈良美智

奈良美智，是日本当代知名的艺术家，擅长漫画与动画的创作，也是出生于青森的名人中成就较为卓越的。来到青森，邂逅弘前，在街头巷尾、故居城头，寻找一下奈良美智的痕迹。

专题

日本的国技
相扑

　　相扑是日本的国技。外国人很少有机会接触相扑这项运动，偶尔在电视上看到了，直觉便是类似摔跤一样的竞技。最令人过目不忘的便是运动员的身材，膀大腰圆，仅有寸布裹身，浑身上下都是颤动的肥肉，如两座雄伟的小山对峙。

● 轻装上阵

　　现代的日本相扑是将中国的古老民间活动——"角抵"，和日本神道教的宗教仪式糅合在一起而成的。在东京、大阪、福冈、名古屋均有职业相扑场所。相扑是在一个50厘米左右高的土台上进行的，赛前要进行严格的身体筛选，身高1.73米以上、体重75千克以上者才有资格参加。运动员梳着类似古代武士的"银杏叶结"发髻，全身几近赤裸，只带了宽大的腰带和兜裆。到了土台上，要用专门的水漱口润喉，擦拭身上的污秽，象征着清净心灵上的污垢，祭祀天地祈求安全之后，才能开始比赛。

▲ 土台上全力投入的相扑选手

● 决一胜负

　　比赛时，能使对方除两脚掌之外的身体任何一部分着地就是胜利，若使对方双脚踏出界外也是胜利。运动员可以互相抓腰带，推搡，用腿使绊，但不许袭

▲ 相扑是日本最具代表性的专业体育竞技项目。

击对方的要害部位，不能有击打的动作。比赛没有时间限制，直到分出胜负为止。若经过长时间角斗，运动员已精疲力竭，却胜负难分时，裁判可以宣布比赛暂停，休息后继续比赛，直至迎来最后的胜利者。

● 通向"横冈"，万众瞩目

尽管相扑手都有着"力拔山兮气盖世"的气魄，但相扑并不是一个完全依靠力气决定胜负的运动。那些看似笨重的相扑手，在赛场上的身手却极为灵活，即便是简单的推搡，也蕴含了相当多的技艺在其中，动作的迅猛、反应的灵敏和时机的把握都要掌握得恰到好处才有机会夺取胜利。此外，坚忍不拔的意志力也是制胜的关键之一，相扑手为此都要经过严格艰苦的训练，提高自身的精神境界与修养，以迎接种种艰难的挑战。相扑运动员森严的等级制度使得他们时刻如同在攀爬金字塔，千辛万苦之后才有希望达到最高级别的"横冈"，成为万众瞩目的英雄。这种不进则退的竞争制度激励着每一位相扑选手的前进。由此可见，相扑这项看似简单的运动，其实有着日本民族深刻的精神内涵，难怪这么多年长盛不衰，上升到国粹的地位。

只有拥有一颗宽厚的、坚强的心灵，才有可能成为一名伟大的相扑选手。有人说相扑意味着大和民族血统里那股争强斗胜、刚柔并济的性格。日本人对相扑的喜爱也不仅仅是出于对观赏比赛的兴趣，更多出自对其中蕴含的传统文化的认同。其实所有的人都可以从这项独具魅力的运动中学到一些东西——那运动场上动起来的暴风、静下来的泰山，正是我们对待生活该有的魄力。

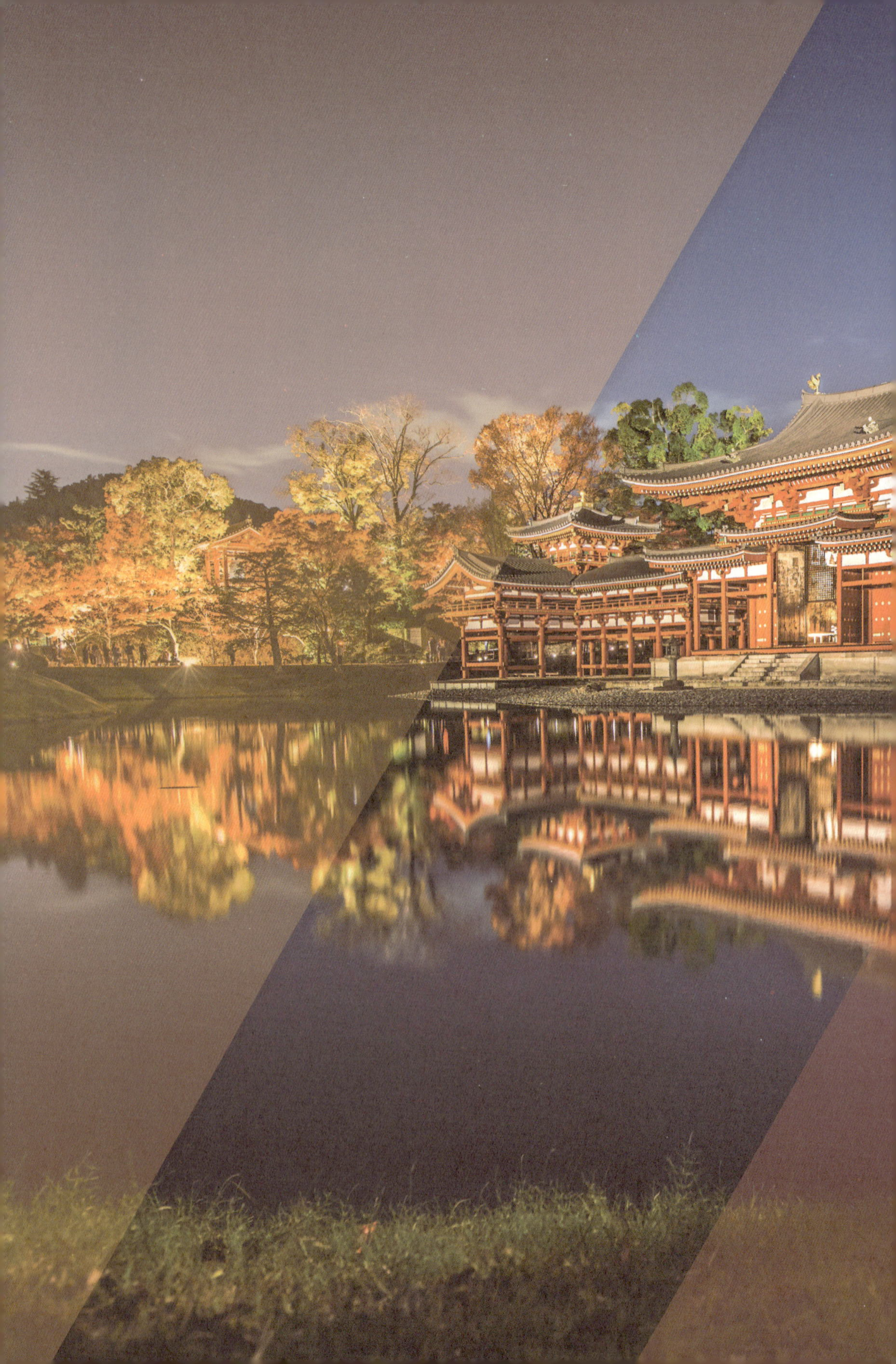

Chapter 4

茶香袅袅水流岚，**品味东瀛**

▲ 宇治河岸赏樱步道　　▲ 宇治抹茶蛋糕

Uji

宇治，一泓水，一杯茶，一辈子

烟雨迷蒙中看花开花落，宇治川上，漫溯的不是清流潺潺，而是岁月清歌；川畔，平等院的钟声与上神社的磬语相合；长桥之上，月光蜿蜒，一头流泻着斑斓，一头氤氲着茶香……

位于本州中西部、京都府南部的宇治市，是日本著名的茶乡，茶田纵横，阡陌流香。

沉静的宇治川默默地流淌着宇治的繁华，或清新、或华丽、或古朴、或标新立异的各类茶楼、茶肆、抹茶作坊倒映着袅袅的茶雾，将一抹宁静蒸腾。

源于琵琶湖的水流比较湍急，常有白浪倒卷、水花飞溅，坐上长尾舟、敞篷船，缓缓地沿河漫溯，是赏游宇治最好的方式。

宇治不大，虽然被称为"市"，但实际上只是一个依山傍水、充满田园风情的小镇。

92 | Look >>

▲ 凤凰堂是平等院标志性的建筑，正堂正脊上一对展翅欲飞的凤凰为平等院增添了一抹亮色。

凤凰于飞：平等院

阳光微醺的时候，枕着微风，与平等院邂逅，委实是一种享受。

平等院，是平安时代的庭园，原为嵯峨天皇爱子源融的私人别墅，后辗转于阳成天皇、朱雀天皇、摄政大臣藤原道长等多人之手，于藤原道长时达到巅峰。

平等院，非园非寺，亦园亦寺，是一座池泉舟游式的寺院园林，毗邻宇治川，背倚朝日山，清婉温醇，风光如画。

院内一泓碧水蜿蜒，波光粼粼，澄净的湖面缀饰着碎金般的阳光，如梦似幻。

湖畔垂柳随风，樱花粉白，红顶的游船用倒影书写着一曲怡然的船歌。

湖对岸是平等院主殿，建筑轩敞，

古色古香，斜飞的檐角向着天空延展，以中堂为中心向两侧延展的长廊就仿佛一枚华美的凤凰翎，辉映着凤凰堂上那一对振翼的铜铸金凤凰。

凤凰堂，是平等院的地标，以正堂正脊上的一对凤凰像遐迩闻名。

鸿头、麟臀、蛇颈、鱼尾、龙纹、龟躯、鸡嘴、燕子的下巴、身如鸳鸯、翅似大鹏、腿如仙鹤的凤凰静静地屹立于平等院之巅，不见绚丽的色彩，没有繁复的雕饰，唯堂木之上精致流畅的线条婉转，而细细凝望，总有一种祥和与尊贵的气息扑面而至。

飞扬的檐角映着琉璃，堂内阿弥陀佛宝相庄严。雕饰着唐草云纹的朱漆红柱，梁檐上悬挂的各式飞天，恍若置身于云间的五十余尊菩萨雕像，映衬着彩绘的《九品来迎图》《极乐净土图》等，木造天盖，赫赫扬扬，梵钟声声，珠玉琳琅，好一派净土气派。

堂正中的阿弥陀佛坐像并不大，却格外古朴，慈眉善目，大耳悬福，目光淡然而温醇，衬以须弥莲花宝座，自有一番雍容大气。

伫立其间，静静地感受着那袅袅的香火，躁动的心似乎瞬间就变得宁静。

恍恍惚惚间，与一丛丛烂漫的杜鹃擦肩，走出平等院，来到院前的表参道，游离于幻想中的思绪一下子便被浓浓的茶香唤醒了。

平等院表参道是一条宁静的商业街，街道不长，两侧店铺林立，最受欢迎的是抹茶店。在这里，"抹茶控"心

Chapter 4 ● 茶香袅袅水流岚，品味东瀛

去日本，这么近，那么美

▲ 宇治是日本茶的起源地，偌大的茶园，空气清新，环境清幽，放眼望去犹如海上掀起的翡翠般的波浪。

中所有的幻想都能被满足，抹茶蛋糕、抹茶冰激凌、抹茶团子等抹茶美食绝对能为你奉上一次舌尖上的抹茶盛宴。

不过，要体味宇治抹茶的精髓，平等院表参道并不是最理想的去处，最理想的还是对凤庵。

对凤品茗：一杯茶，一辈子

对凤庵是宇治一家非常古老的茶道体验馆，建筑风格十分古朴，木构的围栏，恍若农家柴扉一样的门首，茶室非常整洁、精致。庵内不时有缕缕茶香飘荡，令人心旷神怡。

跪坐在榻榻米前，看侍者演示茶道，那份优雅与唯美实在难以言喻，待要亲身尝试，才知道，那一个个简单的姿势，做起来，真的不容易。譬如，接茶的时候，需要将茶碗上有花卉的一侧逆时针转动90度，要做得精准而优雅，委实要下一番功夫。

稍微懂些茶艺的人都知道，茶之一道，无论是选茶、制茶，还是泡茶、品茶，都是一门艺术，来对凤庵，看的不是风景，看的是艺术；品的也不仅仅是茶，还有心境。

对凤庵的茶，是素有"世界抹茶在日本，日本抹茶在宇治"之誉的正宗宇治抹茶。和普通的绿茶不同，宇治抹茶从采摘、蒸青，到杀青、成茶，都是纯天然的。茶叶的制作用的不是机械，而是茶磨，用茶磨碾出的茶，本身就是一种奇迹，其细腻程度是机械制茶的20倍以上，毫无粗糙之感。在显微镜下细细观察，你会发现每一片宇治抹茶都呈"不规则的撕裂式薄片状"，正因为如此，它才不同于其他入水即沉的抹茶，从始至终，都悬于水面。

一泓水，一杯茶，一辈子，端着茶盏，看着稍稍有些碧色的茶水中悠然悬浮的抹茶，鼻尖嗅着淡香，心中沉淀着丘壑，身畔有红袖添香，人生如是，夫复何求？

桐原余晖：宇治上神社

唇边仍有一丝茶香轻漾，任性的双脚却已经将宇治上神社踏足。

宇治上神社兴建于11世纪中期，是"离宫上社"的一部分，位于宇治川西侧，与平等院隔河相望。

神社很小，橘色的牌坊滚着一抹肃穆的黑边。本殿殿堂三间，分别供奉着应神天皇、仁德天皇及菟道稚郎子皇子。灰墙褐瓦，歇山重檐，丝柏树皮葺就的殿顶苍古中带着一抹自然的遗韵。

覆屋式的拜殿带着浓厚的镰仓时代建筑风情，殿旁蓊郁的"神树"下，一汪清泉汩汩，触手有一丝冰凉，入口微微的苦涩中带着一种别样的甘冽。泉水为半透明色，可用以净身，更可用于治病，是古宇治七大名泉之一。

傍晚时分，习习的凉风卷着晚霞；夕阳下，宇治上神社更别有一番妖娆。

心之所向，便是晴天：宇治桥

融融的日光洒满宇治川时，带着一种别样的感动走出日本最古老的神社。1994年，与平等院一起被列入世界文化遗产的宇治上神社，眉宇间，多少都有些怅惘，但当这一丝怅惘与宇治桥的壮丽在橘红的阳光下交织时，便化作了一抹柔情、三分妩媚。

宇治桥，是一座纯日式的长桥，桥长153米，如一弯长虹横跨宇治川上。它是日本现存历史最悠久的桥梁，也是宇治最明媚的风光。站在桥上，仰望朝日山，俯瞰宇治川，胸中五味瞬间便化作豪情满腔。

在日本，桥被认为是心灵的归宿，是现世与彼世之间的道路，心之所向，便是路之所向，桥也不再是桥，而是祥瑞。单就宇治桥而言，其祥瑞，除了桥梁本身，自然也少不了作为镇守之神的宇治桥姬。

宇治桥西，便是宇治桥姬的神社。樱花盛放的季节，洁白的樱花瓣飘落在神像的肩头，那飘飞的裙摆再掩不住伊人深情的眼眸。这个时候，桥姬便再也不是神明，而只是一位盼郎归的婉约女子。

站在桥头细细聆听，耳畔响起的不仅是涛声，还有流走的时光的软语，便似紫式部曾经的叹息，便似那悠悠的《源氏物语》，便似源氏物语博物馆内那晕黄的灯光、时光凝眸般的真实电影场景及栩栩的戏剧木偶。

茶香袅袅水流岚，一泓水，一杯茶，伫立宇治，一回眸便是一辈子。

春花也好，秋月也好，平等院中凤凰于飞，上神社中桐乡潺潺，宇治桥蜿蜒着对凤庵，《源氏物语》书写着紫式部的惋叹……何为美好？这便是美好吧！

旅行 · 印象
宇治名产

宇治为茶乡，宇治抹茶闻名日本。抹茶的衍生品，抹茶寿司、抹茶蛋糕、抹茶冰激凌等也别有一番风味。除了抹茶，宇治的京果子和油纸伞也是伴手礼的不二选择。

Chapter 4 茶香袅袅水流岚，品味东瀛

>> Look | 95

去日本，这么近，那么美

▰▰▱ *Shizuoka*

静冈，樱桃小丸子是我的

三月芳菲，海客谈瀛洲，河津樱花舞。骏河湾上蜿蜒着热海的风情，羽衣之松的传说依旧；三保之松原上，净莲还在与蜘蛛女密语；滨名湖畔，恋人峡边，樱桃小丸子却再也不愿独自放歌。

一树繁花摇落，邂逅静冈，却非偶然，而是感动于静冈山水相映中难得的壮丽与磅礴。

位于日本本州岛中部、太平洋沿岸的静冈县是日本著名的茶乡与温泉乡，温泉资源十分丰富，静冈煎茶更闻名遐迩，境内的清水港湾，更是日本17个定点外贸港口之一。

热海、伊豆、富士宫市、静冈市等不仅是静冈的商业中心，也是静冈的旅游中心，尤其是作为首府的静冈市，依山傍水，宁静中带着几分娇蛮，于远古的风霜之中悠然盛放。

致我们已逝的童年：樱桃小丸子乐园

走进静冈，与樱桃小丸子把臂同游，已成为一种最时尚的缅怀方式。

童年的烂漫不可追，美好的记忆却总能用另一种方式再现。

从1990年开播直至今日，作为日本国民动画的《樱桃小丸子》一直盛宠不衰，思及童年时，双眸中也总会闪过那抹呆萌而倔强的身影。

樱桃小丸子的故乡是静冈县清水市，亦即现在

▶樱桃小丸子的房间

Look >>

Chapter 4 ● 茶香袅袅水流岚，品味东瀛

▲ 樱桃小丸子乐园内复原的动画场景，很多游客来此就是为了追寻童年的梦和梦中的小丸子。

的静冈县静冈市清水区，樱桃小丸子主题乐园正建于该区入船町S-Pulse Dream Plaza三楼。迈入乐园，首先映入眼帘的就是一条长长的彩绘走廊，上面绘着樱桃子、樱杏子、小林谨、樱宏志、樱友藏、樱小竹、土桥年子、穗波玉、花轮和彦等漫画主要人物的图像，图像旁还有人物介绍。

放慢脚步，一步一步穿过走廊，恍惚间，仿佛置身于时光隧道，每走一步，就离那已经逝去的童年更近了一步。走着走着，走到了走廊尽头，明黄色的童年似乎也已扑面而来。

实体展示区内，一组组立体场景淋漓地再现着小丸子的生活。

小丸子的卧室、爷爷奶奶的卧室、厨房、起居室、课室、游乐场、图书馆等曾经无比熟悉的画面一一在眼前展现。神思恍惚之际，起居室里居然传来了电话铃声，情不自禁地接起，耳畔响起的竟然是小丸子的同学给她的留言。人物栩栩，情节逼真，一时之间，竟让人难辨真假。

继续向前，小丸子布偶、木雕、书签、画册、笔套等在你有些措手不及的情况下突然就闯进了你的视

>>Look | 97

去日本，这么近，那么美

夜幕下的清水港

线。踏入这满是小丸子周边产品的世界，悠闲地游逛，仔细地淘淘宝，也许下一刻你便会被无尽的惊喜包裹。

园内还提供了免费的全套小丸子画册，一边翻着漫画，一边在现实版的小丸子世界中畅游，真实地感受一下那个动不动就尴尬得"满头黑线"的小丸子的生活。梦幻与实景交织，童年的意趣满满，似乎，这恰是对已逝的童年最美好的致意。

灯火下的蓝色童话：清水港

携着一抹童话般的稚趣与明媚，走出樱桃小丸子乐园，搭乘摆渡车或电车，悠然之间，一头扎入另一片童话之地——清水港。

清水港是静冈县最著名的港口，位于静冈市清水区，是日本17个外贸港口之一。港口并不大，但当夕阳沉落，晚霞转变为夜的裙摆，万家灯火寥落时，走近清水，遥望那洁白的灯塔、鼓鼓的风帆、点点的繁星，一种梦幻般不真实的感觉便油然而生。

夜色渐浓时，墨蓝的天幕下映着夜色的海水汹涌着蓝色的怒涛。浅蓝色的船只上白色的风帆张扬，激滟的水波倒映着深蓝色的摩天轮，水色天光，浓淡相宜，俨然一幅童话胜景。缀着灯火，携着繁星，坐在港口的茶寮中，一边回味着煎茶有别于其他绿茶的淡淡芬芳，一边和着微风，看鳗鱼跃动，听人声鼎沸，出尘的安闲中又带着浓浓的烟火气息，委实令人难忘。

晨曦初露时，站在码头上，伴着水面上蒸腾的雾霭，隐隐约约可遥观富士

山的风华，海天深处，倒悬的玉扇映着朝阳，气象万千。

日出之后，人群渐渐熙攘，若不耐这份骤然的繁华，告别清水，去三保之松原，感受下"白沙青松"的浪漫，倒也是个不错的选择。

霓虹羽衣，白沙青松：三保之松原

三保之松原，毗邻清水港，位于静冈县静冈市清水区的三保半岛之上，景色绮丽，与大分县的耶马溪、北海道的大沼公园，并称"日本新三景"。

被盛赞为"白沙青松"的三保之松原海岸线，全长11千米，遍植五千四百余株松树，是日本三大松原之一。

伫立在海岸边，举目遥望，巍峨的"圣岳"富士山如瀛洲灵峰般钟灵毓秀。苍古虬结、千姿百态、郁郁葱葱的百年古松，如雪般拍岸的浪涛，一望无垠的大海，与天边的朵朵流云交织，构成了一幅唯美的海景图画。

传说，这里是霓虹羽衣传说的源起之地，海岸边那挺拔的"羽衣之松"，一枝一叶都点缀着奇异的原色。那小巧别致、古色古香的御穗神社相传便是临凡仙女的羽衣碎片所化。

夕阳西下，余晖映着江川的时候，是漫步三保之松原的最好时光。

彼时，脚踩着略有些绵软的黑色细沙，沿着海岸线，与相爱的人携手，言笑晏晏间将那串长长的脚印与落日一起留在身后。兴致来了，张开双臂，和着松涛与海浪纵情高呼，个中滋味，又怎一个浪漫了得。

河津蜿蜒，绯红烂漫：河津赏樱步道

追逐浪漫是一种习惯，在静冈，最浪漫的自然还是河津的赏樱步道。

河津樱由大岛樱花与绯红寒樱自然繁衍而来，自昭和三十年河津町旅游被关注以来，就以其交融了清寒与妩媚的独特魅力征服了全世界数之不尽的游客。

Chapter 4 ● 茶香袅袅水流岚，品味东瀛

>> Look | 99

去日本，这么近，那么美

櫻花步道长约四千米，毗邻河津川，碧水清歌，花朝烂漫，站在桥上，如露如歌的步道便尽收眼底。

河津樱盛放的时间极早，花期也很长，每年2月10日到3月10日，步道旁8000株樱花树一齐盛放，粉白中带着些许绯红的樱花一瓣瓣、一朵朵、一丛丛、一束束、一株株，以不同的风姿演绎着共同的粉色梦幻，仙姿盛大。

赏樱季到来时，步道旁边人流熙攘，沿路可见各色以樱花为原料的美食料理，如樱花鲷鱼烧、樱花馒头、樱花刺身、樱花饼，等等。一路走来，一路饕餮，收获的不仅仅是满目缤纷的烂漫，还有徜徉在舌尖却又融入了身体中的清甜与幸福。

▲ 刺身是日本料理中最具特色的美食，以新鲜的原料、柔嫩鲜美的口感受到世界各地食客的喜爱。

水声淙淙，匹练银虹：净莲瀑布

趁着幸福依旧"满格"，一路辗转，来到伊豆，站在净莲瀑布下，满心的美好再也忍不住沸腾而出。

位于静冈县伊豆市汤之岛的净莲瀑布，是伊豆第一名瀑，宽7米，落差25米，源于狩野川支流，背倚盘旋着柱状纹理的玄武岩绝壁，为满山苍翠环绕，水流垂落时，若珠玉溅落石盘，水声淙淙，匹练银虹，美不胜收。

盛夏时节，伴着日光，来到净莲，顺着迤逦而宽阔的路桥一路向上，看山中景色雄奇，满目馨香。瀑布入口处，一座铜像巍然屹立，那是川端康成著作

《伊豆的舞女》的纪念像。

　　铜像之后便是瀑布，碎金般的阳光洒在瀑布上，飞溅的水雾氤氲着七彩的光辉。瀑布下的水潭边，流水潺潺，藏青中夹杂着暗褐色的石头错落地分布在潭边，嶙峋雅淡。石缝间，偶尔有一朵或鹅黄或淡紫或米白的野花悄悄地探出朝露般的容颜，那古灵精怪的气质，不知道勾起了多少恋人平平的唇角。

　　作为日本百大名瀑之一，净莲无疑是迷人的，但来净莲的许多人，为的却不是瞻仰她的妖娆，而是想要分享她那满满的幸福。

　　相传，净莲瀑布是天池山天池寺一位数千年一直沐浴着佛祖荣光的蜘蛛女的巢穴。佛祖与蜘蛛女每千年相见一次，佛祖都会问蜘蛛女世间最珍贵者何物？蜘蛛女回答是"得不到"和"已失去"，三次之后，佛祖让蜘蛛女下凡。

　　蜘蛛女下凡后，投生为富家女蛛儿，被帝王指婚于太子芝草，但蛛儿却一心以为长风公主的驸马、状元郎甘鹿才是自己的良人，为此万念俱灰，一息奄奄。太子闻讯，要自刎殉情于蛛儿床前。佛祖再次出现，告诉蛛儿，甘鹿本就因风而至，也会随风离去，他注定是属于长风的，而太子前世则是天池寺门前的芝草，爱慕了她3000年，她却从不曾低头看她一眼。闻言，蛛儿恍悟世间最珍贵的其实是把握当下的幸福。

　　传说已逝，岁月成空，净莲的清波中却仍有幸福满满。想要留住幸福的你，倒不妨踏月而去，到蜘蛛女的巢穴

▲ 净莲瀑布因川端康成的小说《伊豆的舞女》而吸引了很多游客。他们看见美丽的净莲瀑布，不禁折服在瑰丽的自然景观之下，心旷神怡。

聆听水声探探险，说不定，在池边你也能找到一株摇曳的芝草。

　　幸福不是侥幸，是选择；旅行不是任性，是感悟。

　　静冈不是起点，河津樱、清水港、净莲瀑、小丸子也不是终点，一路踏花，还能见滨名湖的水色山光、东照宫的香火袅袅、浅间神社的檐角横斜、大室山的火中涅槃、恋人峡的爱情牧歌、龙岩洞的钟乳奇观及地底飞瀑、热海的沧桑古城及傲雪梅园……凡此种种，不拘形迹，目之所及，心之所及，只要幸福，就足够了，不是吗？

旅行·印象
静冈煎茶

　　日本茶道繁盛，名茶众多，静冈煎茶便是其中一种。

　　静冈煎茶，茶形细长，纤然若松针，色泽苍幽，青中含黛，味道醇香悠远，回味无穷。

>> Look ｜101

去日本，这么近，那么美

→ *Fukuoka*

福冈，柳川河上品玉露

向往中的福冈，应是隽美的、妖娆的，但当人间四月芳菲绽，当柳川河上氤氲的水雾将七彩的阳光折射，当福冈塔的峻拔与栉田神社的丰满在晴空下交织，汇聚成博多湾的另一场秋雨潺潺，便知道，其实福冈从来都是清新的、温醇的。

位于九州岛北部的福冈县是九州最大的县域，东北濒临周防滩，西南濒临有明海，海陆空交通发达，不仅与东京、京都等日本名城相距不远，与中国的苏杭、上海等城市及朝鲜半岛更是隔海相望，被誉为"九州门户"和"亚洲门户"。

不同于上海的繁华、东京的喧嚣，将古典与现代糅合为一体的福冈是清新明净的。不缓不急的生活节奏，白樱绿水间的舒适怡然，空气中流淌的淡淡芬芳，总让人有一种置身桃源的恍惚感，也难怪在亚洲最宜居城市的榜单上，福冈连续多年都榜上有名。

俯瞰本就是一种风情：福冈塔

福冈塔是福冈的地标，邂逅福冈，自不能与它擦肩。

作为日本最高的海滨观光塔，三棱柱状的福冈塔身上总有一种说不清、道不明，却又自然而然的矜持与华贵。

▶福冈塔是福冈市最高的建筑，远远便能看见这座闪闪发亮的现代化建筑，它是福冈市的地标。

温醇的阳光纷纷扬扬地洒落在覆盖塔身的八千余片琉璃瓦上，流溢的光彩炫耀着晴空。夜幕降临时，璀璨的华灯映照着福冈塔高达234米的伟岸身躯，那峻拔的身影，自然风姿别样。

搭乘电梯，来到位于123米处的瞭望台，站在360度的落地窗前，向下俯瞰，整个福冈市跃然眼底；极目远眺，可见海天辽阔，水色波光，千堆卷雪；近了，可见万家灯火，灼灼夭夭，璀璨夺目；目光微垂，可见足下光线明灭，倏忽之间，一股豪气油然而生，心底、眼底，自有一番天空海阔。

一抒胸臆之后，顺着台阶走到下一层的咖啡厅，坐在窗边，品着醇香的咖啡，听着悠悠的潮汐声，望着窗外相互点缀的繁星与灯火，胸中的豪气缓缓平息，一种闲适与精致的情怀慢慢地在心中晕开。

泛舟柳川，轻品玉露

当那抹精致轻轻地发酵，一种浪漫的冲动再也无法抑制，于是，迫不及待地坐上新干线，来到柳川，与玉露在轻舟之上邂逅。

柳川是福冈南部的一座小城市。市内水网交织，河道纵横，素有"水都"之誉。搭上一艘长尾木舟，泛舟柳川河上，看两岸房屋错落，垂柳拂堤，唇边不由自主地便荡开了一抹最温醇的笑意。

柳川河不算太宽，河水却很清澈。

▲ 紫藤与樱花都是深受日本人喜爱的春日之花。福冈八女郡黑木町的紫藤尤为著名，被指定为天然纪念物。

浓绿的水波就仿佛一条条翡翠玉带，轻轻将柳川的风景联结。长长的木桨温柔地将水花漫溯，船夫嘹亮的渔歌袅袅不绝，各色各样的古迹与花木在眼中缓缓淌过，彼时，微微啜一口玉露，才是最应景的举动。

福冈是日本的产茶地之一，玉露煎茶闻名遐迩，柳川玉露更是其中一绝。

玉露茶，茶如其名，入口之时，唇齿间便有一股淡淡的清新回荡，就像晨曦朝露。

细细品味，玉露又如水波，潺潺淙淙，婉约轻扬，与柳川颇有相得益彰之意。

柳川不大，顺流而下，缓缓漫溯，仅需70分钟。坐在船上，与两三好友对坐畅饮，或者一家几口，言笑晏晏，所谓幸福，不过如是。

行至中途，立花邸跃然于目。那一片纯白的精致，那檐角飞扬的小巧，不由得，便让人联想到了江南的烟雨，水乡的妖娆。

邂逅柳川，最佳时节是11月。彼时，水乡的秋色与冬日的淡雅交织，白秋祭更是盛况空前。

柳川是日本著名诗人北原白秋的故乡，每年11月1日到3日，为了祭奠他，柳川市都会举办盛大的水上盛装游行活动。

届时，百余艘船头上悬挂着酸浆果的船只会一同从掘水门出发，依次迤逦而行。素白的灯笼裹着月色，身着传统和服的船夫用力地摇动着双桨，肃穆雄壮的鼓声与柔婉的琴声应和，白秋作词的《空等一场》余音袅袅，乐声清冷，应和着熙熙攘攘的游行队伍，美酒、美女、美食，别有一番风情。

舞鹤樱花舞，大濠花火红

如果说每一处风景都是一首诗，每一首诗都有自己的韵味，那么，相比于娴静的柳川，淡雅中带着几分绮丽的舞鹤似乎更加余韵悠长。

舞鹤公园位于福冈城西，挨着大濠公园与福冈美术馆，以福冈城遗址为象征。园内碧草如茵，绿地轩敞，斑驳的城墙、古老的遗迹散布其中，映着水波，颇有几分苍古的味道。

每年4月樱花盛开的时候，舞鹤赏樱便成了福冈的一种时尚。

或独自一人，或三五成群，或与爱侣相约，花前月下也好，搭上帐篷开party也好，踏青野炊也好，都是绝妙的享受。

满园的樱花，或粉若朝霞，或白如霜雪，点缀着阳光，漫步其间，就仿佛陷入了一片粉与白的梦境，绵绵的、甜甜的、软软的，纵使明知是梦，却也不愿醒来。

▲ 福冈博多运河城聚集了购物街、电影院、娱乐设施、大酒店、秀场等各种营业店铺。在排列成优美曲线、色彩艳丽的建筑群中央，约一百八十米长的运河缓缓流淌。

Chapter 4 ● 茶香袅袅水流岚，品味东瀛

　　微风来时，掬一瓣掉落在肩头的樱花，沿着砖形的连锁步道一路向前，不知不觉便跨越了舞鹤的烂漫，走入了大濠的热烈。

　　大濠公园是日本为数不多的几个水景公园之一，环福冈的护城河而建，原是福冈君主的私家花园，景色构架与西湖十分相似。公园中央的大湖中错落地分布着4座小岛，小岛之间有长桥相连，类似西湖苏堤。

　　大濠的水称不上激潋，却也柔婉。湖畔垂柳成行，红叶枫树赫赫扬扬，无须深秋，便已红得绚烂。每年8月，花火节期间漫天的焰火在空中绽放，湖水映着焰火，旖旎别样；湖边、岸上，穿着浴衣，或妩媚、或清丽、或明艳的女孩

>> Look | 105

子们更是赏心悦目。

福冈美术馆在大濠公园内，美术馆不大，素淡的色调一点也不显张扬。馆内陈列的是亚洲近现代多位艺术家的作品，步入其中，浓浓的艺术氛围便扑面而来。

Shopping也疯狂：天神与博多运河城

艺术了一把之后，奔赴天神，化身时尚达人，绝对是个good idea！

天神是福冈的核心商业区，汇集了多家百货公司、大型商场、品牌专卖店。各色各样的店铺，只有你想不到的，没有你见不到的。当然，若是你对"高大上"的品牌与商场兴趣索然，倒不妨去逛逛天神地下街。

地下街很长，一眼望不到尽头，与其说是街，倒不如说是一座洋溢着19世纪欧洲风情的小镇，石叠走廊十分宽广，顶棚流转着绝美的弧度，两百多家店铺林立两侧，青春与时尚的气息在空气中蒸腾。

博多人偶、柳川吊饰、辣味明太子、草木馒头、三池高菜、玉露茶、福冈海苔等特产更是让你买到手软。

不过，于购物狂而言，购物之乐，本就无穷，一个天神根本就满足不了他们炽热的购物热情，由是，组团去博多运河城，便也理所当然。

博多运河城是福冈市的另一大型商圈，素有"城中之城"之誉，以"都市剧场"为概念，各色剧场、游乐场、酒店、综合商场、特色店铺、展览馆、写字楼等应有尽有，俨然一片时尚小天地。福冈运河从城中央穿流而过，河畔建筑线条柔软，如水流蜿蜒。时不时地，城内还会有喷泉表演，下载一个导购地图，跟着走，走上一天，你也逛不完。逛累了，去地下一层或四层，品尝一下黑丸、赤丸、白丸等不同汤底，接受定制、粗细不一的拉面，只要吃上一口，你就不得不承认被盛赞为"食之都"的福冈的确是"吃货"的天堂。

除了拉面，福冈的特色美食还有不少，如牛杂火锅、鸡肉火锅、玄武滩青花鱼，等等。

临时抱神脚：栉田神社和太宰府

享受了上天恩赐的美食之后，去临时抱抱神脚，表达一下感谢，自是题中之义。

福冈的社寺有不少，古遗迹也很多，但最著名的当属太宰府天满宫与栉田神社。

栉田神社，是福冈神道教的总本社，一年四季香火不断，前来参拜的日本人络绎不绝。栉田神社始建于757年，历史悠久，极具日本民族风情。神社内的神祇是福冈所有神的"领导"，备受当地人尊崇。神社的建筑风格很古朴，漫步其间，自有一种肃穆之感。主殿后有白色的求签处，用中、英、日、

▲ 在天满宫祈祷考试顺利的学生

韩等多国文字书写了长短签，有兴趣的话，倒不妨抽上一根，沾沾这异国神祇的福气。

每年7月，栉田神社都会举办盛大的山笠祭，五彩缤纷的山笠炫人眼目，热热闹闹的追山笠活动更是游人的最爱。

热闹过后，或是在"栉田之银杏"郁郁葱葱的树影下小憩，或是围着那些传说具有驱邪祈福之效的彩绘雕塑转转，都是不错的选择。当然，若是亲朋好友之中有即将赴试的考生，不妨再去太宰府天满宫转转。每年大考来临之际，许多学生或家长都会慕名来此参拜，以求金榜题名。另外，太宰府的梅花是福冈一绝，若是能参拜与赏梅两不误，自是最佳。

当然，除了柳川泛舟、塔上俯瞰、舞鹤樱花、大濠花火、栉田祭祀、太宰

参拜之外，福冈的胜景还有很多很多，譬如海滨公园、能古岛、东长寺、海中道海洋世界、住吉神社、福冈巨蛋、圣福寺，等等。但风景无限，说走就走的时光却有限，所以，有的时候，邂逅了，就是美好，就不算辜负！

旅行·印象
博多人形

人形，即"人偶"之意。博多人形，是日本有名的传统工艺品，也是福冈的艺术名片，为陶土烧制而成，精巧细致，造型繁多，为无数游客所钟爱。

日落时分，有明海被罩在深褐色的光影下，显得浪漫又神秘。

→ *Saga*

佐贺，有明之滨，彩虹之上，不见不散

在 纯美的九州，佐贺是最纯美的风景。嘉濑川粼粼的波光倒映着热气球的迷人风姿；唐津遗梦，古城若花，镌刻在有田烧上的肥前恍然如梦；有明之滨，彩虹之上，嬉野"美人汤"，豆花飘香……是梦吗？也许吧。

有明之滨，嘉濑川流水潺潺，砖红的石板路边，佐贺的柔情蜿蜒。

佐贺，是九州名埠，位于九州岛西北，肥前半岛根部，东临福冈，西界长崎，南濒有明海，北接玄界滩，森林广布，农业发达，历史悠久，古迹遍布。虽面积仅有两千四百多平方千米，是九州七县中最小的一个县，却也是九州最负盛名的一个县，不仅人文气息浓厚，是日本著名的茶乡，而且陶瓷工艺发达，素有"陶乡"的美誉。

▲ 佐贺壮观的梯田

彩虹之上的誓言：有明海

无论你邂逅佐贺的原因是什么，清清浅浅，婉约如玉的有明海终将是你情之所钟之地。

有明海，又名"前海"，是一片浅海海域。海岸线蜿蜒，约六十五千米。

外海深蓝色的海水与内海碧绿色的淡水交融，用缱绻的波纹绘出了淡妆浓抹总相宜的胜景。

午后，阳光满满时，静静地躺卧在海边，和风微醺，星星点点的细浪于无声处便将这一望无垠的寥廓分割成了金绿色的繁华与粉蓝色的清丽。

黄昏打着旋飘落时，风微微带着寒意，漫步海边，看万家渔火斑驳，撑一支长篙，向着夕阳更深处漫溯，闪闪烁烁的灯火映着沉落的夜色，早分不清眸中闪烁的是星光，是落照，是烛光，还是灯火。

尤其是秋日，淅淅沥沥的小雨洒在海面上，一滴漾动一个小小的漩涡，无数的小水涡奇妙地连成一片，虽无色彩万千，入眼的却全是斑斓。雨后天晴，水光深处自有一弯彩虹潋滟，浅浅淡淡的色彩，烂漫着海苔的芬芳，诗意盎然。细细凝眸，情不自禁便想起了那彩虹之上不见不散的誓言。

不见不散，相对无言：虹之松原

不见不散，是一种执着，更是一份眷恋。

千百年来，一直将有明海眷恋，誓言不见不散，却终归相见无期的，正是玄界滩畔，虹之松原。

玄界滩在佐贺之北，有明海在佐贺之南，南北殊途，相见无言，但作为日本三大松原之一的虹之松原却矢志用淡

Chapter 4 ● 茶香袅袅水流岚，品味东瀛

>> Look | 109

佐贺碧水蓝天间，绚丽壮观的热气球慢慢升空，仿佛盛放于苍穹之上的繁花。

淡的松香书写着这永恒的爱恋。

　　虹之松原，是一片滨海防风林，方圆5千米的土地上遍植着100万棵黑松树。松树树龄不一，形貌各异，却均枝干舒朗，赛雪欺霜，墨绿色的叶片错错落落，恍若绿海之中一片片剔透的琉璃。

　　踩着林间稀疏的落叶，捡几颗松球，一路缓行，穿过松林，一种海阔天空的辽阔与傲岸立即扑面而来。

　　回首遥望，整片松林恰好弯曲成彩虹的弧度，虹之名也因此而来。

　　侧首再望，辽阔的大海流淌着日光，细沙如雪的沙滩蜿蜒着松涛，黑得幽邃的松涛却又织出了一道独属于自己的风景线。海的呓语、风的轻吟、松的欢歌在一片无云的蔚蓝之上汇聚，便成了那流传于佐贺千年的"虹之松原七大不可思议的传说"。譬如松原内所有的树木皆为黑松，譬如松原内不闻蝉鸣，又譬如松原内的蛇类均无毒等。至于传说是真是假，当你踏上这片彩虹之地时，倒不妨在确保安全的前提下，自己去亲自验证一番，松林探险也自有一番意趣。

天守舞鹤，唐津烽烟：唐津城

无论是百转千回、蜜意柔情，还是荡气回肠、悲歌慷慨，所有的爱情都需要一个见证。

唐津城就是有明海与虹之松原倾城之恋的最有力见证者。

这座始建于1595年的平山式古城，结构端方，建筑古朴，虽累历烽烟，不复如初，但古雅的气质却沿传了千年。

唐津旧城，街道古朴，宇阁琳琅，融四季之景，风姿别样。城中天守阁形似鹤头，阁畔长廊迤逦着檐角，左右两翼俯览山河无数，翩翩然若仙鹤飞舞。站在天守阁上，北可看虹之松原的松风万里，南可观有明海的天水相连；近可看唐津街道的淡淡古韵，侧可看舞鹤公园氤氲着粉红色烂漫的染井吉野樱花，远可观城墙上攀缘的紫藤。

兴之所至，逛一逛陈列着江户时代旧物、书画、刀剑、盔甲等的唐津乡土博物馆，体验下旧时烽火，抑或转道佐贺市，去看看那与唐津并立的佐贺城，都是不错的选择。

佐贺流岚：佐贺城与热气球节

佐贺城，位于佐贺县首府佐贺市市中心，是一座纯日式风情的江户古城堡建筑，是旧时佐贺藩的藩厅所在地。

明治时代，佐贺陷入动乱，战火频仍，佐贺城付之一炬，唯续橹与鲵门留存至今，其余除了残垣，多数都为复建。其中，佐贺第一且堪称日本之最的木造复原建筑就是佐贺城本丸历史纪念馆。

纪念馆面积宽广，结构井然，以影像、模型、图文资料等方式，陈列着七百余部明治维新时期的珍贵史料，置身其间，就仿佛漫溯在历史的烟云之间。

去日本，这么近，那么美

▲ 佐贺县内的佑德稻荷神社是日本三大稻荷神社之一，被当地人昵称为"佑德先生"。四周绚烂的树木衬托着朱红的建筑，令人印象深刻。

当然，旅游原是一件开心的事情，你或许本就没有忆古思今的兴趣，所以，出了古城，倒不妨给心灵换一张地图，去热气球节上撒撒欢儿。

每年11月，佐贺市嘉濑川畔都会举办全日本规模最盛大的热气球节。

节日期间，各种与热气球有关的赛事，如热气球竞速比赛等竞相开展。数百个绚丽的热气球一同升空，碧水蓝天，热气球的倒影流过阡陌，胜景空前，壮丽别样。各种各样、非竞赛用的卡通型热气球则静静地停泊在河畔青葱的草地上，引来无数游人。

若你不缺乏冒险精神，也可以租一只热气球，伴着赛场舒缓的音乐，来一场别开生面的空中环游。坐在热气球篮里，从数百米的高空，抚着流云，向下俯瞰，所有的风景都如幻灯片般从眼前滑过，越来越小，也越来越梦幻。转头，望向旁边，满空的热气球袅袅娜娜，切割着蓝天，就仿佛盛放于苍穹之上的繁花。

烂漫在花间：佑德稻荷神社

如果说嘉濑川上盛放的繁花只是属于天空的梦幻，是热气球的清歌，那么，佑德稻荷大社的繁花，就是真真正正属于人间的芳菲盛景。

位于佐贺县鹿岛市的佑德稻荷神社，是日本三大稻荷神社之一，与京都市的伏见稻荷神社及栃木县的笠间稻荷神社齐名，素有"镇西日光，花之神社"之称，每年慕名来此参拜，祈求五谷丰登、出入平安、生意兴隆的香客络绎不绝，几乎达三百万人次。

无论春夏，还是秋冬，细雨斜阳，四季轮转，佑德神社的花香始终淡淡。

春光烂漫时，看樱花绚烂；盛夏芳菲时，看牡丹雍容；秋高气爽时，见杜鹃啼血；冬雪皑皑时，有寒梅傲放。当然，最炫美的还是梅雨时节，伴着黄昏细雨，庭院中、溪流畔，六百余株紫阳花次第盛放，绿肥红瘦间可见露珠潆潆，遥遥相望，便似一条蜿蜒的彩色丝带翩跹着神社的盛世妖娆。

"美人汤"畔的忍者大会：嬉野温泉街&忍者村&嬉茶乐馆

红袖夜添香，温泉洗凝脂，阅遍"花之神社"的百态千姿之后，自然要去温泉乡洗一洗能令人颜如娇花的"美人汤"。

嬉野温泉，是日本三大"美人汤"之一，与源起蓬莱山巅的武雄温泉，并为"佐贺名汤"之最。

嬉野温泉街并不长，街畔林立的近五十家温泉旅馆却别具特色。

露天温泉水质细腻，润滑如丝，沐浴其间，可一览泉畔山光水景，灯火阑珊；浮沉着佐贺茶独树一帜的茶汤，于传统中糅合了丝丝现代气息，风流别样。

▲ 泡温泉也要注意各种细微的讲究，换拖鞋、穿浴衣、扎腰带等细枝末节处在日本各地都有严格的讲究。

不过，相比于泡温泉，嬉野最吸引人的其实是嬉野的忍者村和嬉茶乐馆的茶染。

快要作别青春的你我，炫彩的花季总少不了"火影"的陪伴。"忍者"这个词汇，更是作为调色板深深地镶嵌进了记忆中，随着岁月流舳，变幻着不同的色彩。

所以，忍者村，是必然要去的。

去之前，内心甚至还有几许彷徨，到达之后，却颇有些忍俊不禁。

忍者村中自然是没有真正的忍者，但各种"奇葩"、搞笑的忍术表演，形形色色的忍者探险物，以及穿着"绿马甲"的"上忍"们给整场"忍者大聚会"带来了无限欢乐。

若是你有意，也可以租用一套或几套你心仪的忍者服，带上护额，手擎"苦无"，酷酷地帅一把。

帅过了，趁着身上的"查克拉"还没消失，赶紧施展"瞬身术"，瞬移到嬉茶乐馆，体验一下茶染的风情。

茶染是一门艺术，你我虽是门外汉，但是利用乐馆提供的橡皮筋、筷子、木棍等道具，在四方手帕上绘制一幅绝对属于你的原创纹样，再将手帕放进嬉野茶的煮锅中熬煮上一段时间，一方属于你的手帕就新鲜出炉了。

总而言之，佐贺原就是一个谜一样的地方，一千次邂逅便有一千种风情，而你要做的，不过就是背上背包，向着佐贺出发！

旅行·印象

唐津城

唐津城，是佐贺名埠，与佐贺城齐名，以满园的染井吉野与绚烂的紫藤闻名，是春季游览的绝佳去处。

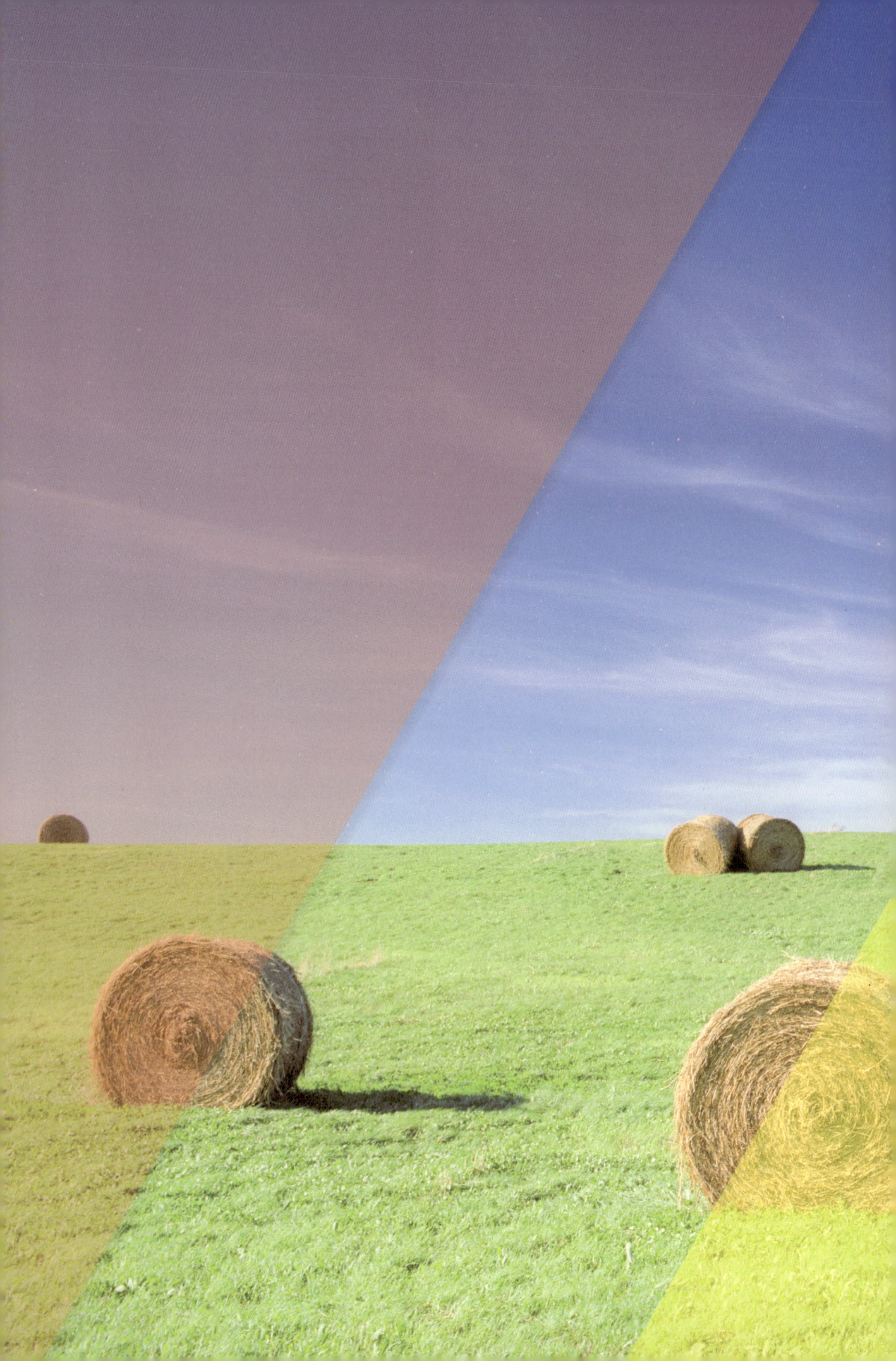

Chapter

5

有一种绝色，**叫北海道**

去日本，这么近，那么美

❶ 札幌市中心的大通公园
❷ 大雪覆盖的北海道旧道厅
❸ 白色恋人巧克力工厂中展出的精美巧克力艺术品
❹ 夜幕下大通公园中的火树银花

Sapporo

热恋在**札幌**，大通，我爱你

安闲的时光，微醺的午后，时计台上跃动的不是阳光，而是宁静的白与澄澈的绿。四季在藻岩山上流转，星星点点的光在幽邃的夜空中总是洋溢着白色恋人的浪漫悠然。雪在漫舞，花在清歌，旧道厅上温柔的月光不经意间便泼洒了雪国的浪漫。札幌，从来都绝美如斯……

作为北海道的首府，位于石狩平原西南部、人口已逾200万的札幌，其实是一座很宁静的城市。

和北海道的其他城市一样，札幌之名也源出阿依努土语，意为"大河川"，但这座以"大河川"为名的国际名城实际上却是地地道道的内陆城市，为群山所环抱，并不临海。

1972年，第11届奥林匹克冬季运动会在札幌举办，充满了冰雪韵味的札幌也一跃成为世界上许多人都想去看看的地方，而札幌，也的确是座美得清幽而宁静的城市。

蜿蜒的平川将札幌分隔成了安闲与繁华两面，漫步城中，优雅的洋槐与热情的金合欢首先便会为你奏上一曲萦着淡淡花香的迎宾曲。曲调平和，一如札幌本身，全无大城市的张扬恣肆，哪怕是站在了喧嚣中，周身流淌的依旧是令人心醉神怡的淡然。

▲ 大通公园内的雕塑

玉带上冰雪祭礼：大通国定公园

大通国定公园，又称大通公园，是札幌的地标，位于札幌市中心，东西横贯，将札幌南北分隔。

大通公园的造型很奇特，东西狭长，长约三千米，恍若一条遗落人间的碧玉丝绦。

无论是伴着烂漫春花，还是秋雨斜阳，来大通散散步，都是不错的选择。

大通公园内遍植紫丁香、大榉树等各色花木，许多树木树龄都超过了百岁，郁郁葱葱的枝干下，光影婆娑，长长的木质座椅，应和着不断"换装"的喷泉，自是俏丽别样。

夜幕降临时，静立园中，举目东望，色彩绚烂的札幌电视塔赫然在目。

这座始建于1957年、高147.2米的电视塔也是札幌的地标之一。塔上90米高处有一座360度的全景观景台，站在观景台上，能俯览札幌全景。近处，有大通玉带蜿蜒；远处，石狩湾的清波则恍若夜曲流转。

唯美的灯光，斑斓的星光，如水的月光，辉映着紫丁香的妩媚，花也迷情，人也迷情，但这份迷情，却非大通的绝色。

大通最美的季节永远都在冬季。

每年圣诞前夕，热热闹闹的德式圣诞集市就会在大通公园盛大开幕。

集市开市期间，各色各样的零售店、餐饮店、饰品店等云集大通，各种萌萌的圣诞饰品，来自星星的"圣诞老人"，正宗的德式美食（慕尼黑烤肉、烤杏仁、热红酒等），如梦似幻的白色圣诞树……浪漫种种，让人情难自抑。而当你我都还沉浸在这份冬日迷情之中时，札幌最盛大、最热闹、最唯美的雪祭已姗姗而至。

2月的风，料峭中带着一抹复苏的暖意，作为雪祭主会场的大通则早在冰雪中将玉肤花貌凝固。

一组又一组大型冰雪雕塑在飘飘扬扬、大片大片的雪花中绽放着浓情。无论是剔透精致的冰雕，还是玉雪可爱的雪塑；无论是各式风景名胜，还是各种经典的动漫人物，在雪光与灯光的映衬下，都带着淡淡的童话底色，栩栩不似在人间。漫步其间，目不暇接之余，总难免为这巧夺天工感动。还有歌舞表演的欢声在耳，还有心爱之人相伴在旁，置身其间，真的仿佛坠入了冰雪胜境，难以自拔，也不愿自拔。

▲ 钟楼是札幌的象征，也是札幌最著名的古迹。

留不住的是时光，抹不去的是岁月：时计台

热恋在大通，总觉得雪国的时光逝去得太过匆匆，情急之下，便从冰雪雕栏的梦境一下子坠入了昭示着岁月流觞的钟楼。

札幌钟楼，又名"时计台"，始建于1878年，是一座带着浓浓美式风情的建筑，也是北海道开拓时期的典型象征。原为北海道大学前身札幌农学院的演武场，现为日本文化遗产。

这座五层的木构小楼，清新淡雅，简朴之中带着几许辗转百年的时尚气息。小楼楼顶是典型的美式尖顶，闻名遐迩的美式大钟便端立其上。大钟有四面，造型古朴，钟声悠扬，整点必报时。钟楼内还有一座记述钟楼历史的小型展览馆，游览之余，去看看也无妨。

能怀念，也是一种幸福：北海道旧道厅

始建于1888年的旧道厅，原是北海道最高行政机关，绿瓦红墙，尖顶飞檐，是典型的巴洛克式建筑。

站在旧道厅外，除了那让双眸瞬间就热情如火的红，最引人注目的便是那正脊之上的红色巨型五角星，以及满溢着西洋风情的碧绿八角塔。

八角塔下，古树映着琉璃，艳丽的鲜花、繁茂的绿树、宁静的池塘、碎石铺成的步道，与"自动自觉"成为巨幅背景墙的红砖房相映成趣。

红砖房内，有大大小小十多个展厅，如北海道立文书馆、北海道历史画廊等。

道厅内部装饰很简单，却又带着浓浓的古韵，再加上展厅内古老的座钟、源自世界各地的舶来品、典型的19世纪风格的装饰，置身其中，一种幸福的怀旧感油然而生。

亲爱的，我愿做你的巧克力：白色恋人巧克力工厂

怀旧是一种美好，且行且珍惜，才是真正的幸福，而白色恋人巧克力工厂，恰恰就是制造幸福的地方。

和石狩锅、三平汤、帝王蟹、味噌拉面、札幌啤酒、黑鲔鱼刺身一样，"白色恋人"也是札幌美食界的扛鼎之物，不过，和其他美食不同的是，"白色恋人"不仅可以品尝，还可以亲手制作。

白色恋人巧克力工厂并不在札幌市中心，而是在城西，与其说是工厂，倒不如说是一座充满了北欧风情的童话城堡。

城堡外有一座活动的人偶钟塔，整点之时人偶会自动欢歌，载歌载舞，用一场巧克力嘉年华来慰藉你饥渴的双眼。

步入城堡，一种时空倒错般的感觉瞬间将你笼罩，炫彩的装饰，各种各样的巧克力雕饰及藏品，斑斓的陶器中喷涌出的"极光之泉"，在迷蒙的光线衬托下，美得难以言喻。

恍惚间，走进"巧克力时光隧道"，隔着镜壁，于巧克力的历史中漫溯，虽然增益不多，却也别有一番情趣。

跨过隧道，踏上三楼，绮丽梦幻的童话风倏忽间便转变成了甜美时尚的现代工匠风。一路缓行，认认真真地将巧克力的制作"秘法"全都"偷学"完，便可以到四楼的体验工坊去亲手制作只属于自己的巧克力，留下满满的感动。

在一片静好中，去堡外的玫瑰园走一走，或者搭乘工厂内的蒸汽小火车，一边品尝着白色恋人冰激凌，一边欣赏整座工厂的风景，都是绝妙的体验。特别是冬日的夜晚，彩灯璀璨，柔和的音乐在夜空中蔓延，融入风中，融入雪中，那般情景，委实钟造化之神秀。

Chapter 5 ● 有一种绝色，叫北海道

>> Look | 119

去日本，这么近，那么美

藻岩君，定山好想你：藻岩山&定山溪

情到浓时，继续泡在巧克力城堡中，倒不如一起去爬山泡温泉。

海拔531米的藻岩山就在札幌市内，山不算高，景色却格外秀美，尤其是秋冬两季。

秋日，满山红叶汤汤，漫步其间，恍若置身一片火红的海洋；冬日，万里冰封，素裹银装，踩着雪，一路上山，时不时地能看到一排排浅浅的小爪印，运气好，还能看到从雪地中悄悄探出的一个个可爱小脑袋。

不愿徒步的话，也可坐缆车上山。藻岩山的缆车有两种，山巅到半山是morisu迷你缆车，半山到山麓是悬挂式索道，中间需要换乘，花一趟的钱，体验两种不同的乐趣。

在山巅与流云促膝长谈一番之后，下山去，转道定山溪，去泡泡温泉，再好不过。

定山溪温泉乡，素有"札幌内客厅"的盛誉，泉水温醇。若是时间比较自由，秋天来定山溪是最好的，泡在温泉中赏红叶，那画面想想也是美的。

浓浓书香，银杏染金：北海道大学

泡完温泉之后，若有余暇，不如与心爱的人携手共游北海道大学，重温一

▲ 札幌市内，北海道大学幽静的银杏大道被秋色染成了一派金黄。

下求学时的浪漫，或者体验一下与咱们中国迥然的校园风情。

银杏大道是北海道大学最亮丽的一道风景。秋日，当银杏清丽的叶子被秋风染成金黄的时候，当厚厚的落叶将青春的风情渲染的时候，捡一片黄叶，用彩笔在叶片上画一颗心，在漫步之时送给他（她），自是甜蜜蜜。

走过银杏大道，再去白杨大道换换

Chapter 5 ● 有一种绝色，叫北海道

"画风"，峻拔的白杨虽然没有碎金般的浪漫，但俨然的风骨也令人神往。

之后，去看看学校创办人克拉克先生的半身塑像，接着在溪边茵茵的草坪上，与他（她）坐在一起看星星，再之后……告别北海道大学，去繁华的薄野购物区，去圆山公园，去狸小路商业街，去啤酒博物馆，去札幌巨蛋……都好！

安闲的时光，清雅如诗，邂逅札幌，在紫丁香的芬芳与时计台的钟声下，与红线那一端的白色恋人轰轰烈烈地热恋一场，其实真的很好，不是吗？

旅行·印象

札幌节

札幌节，亦即北海道神宫节。每年6月14日到16日，一千多名盛装的市民会抬着神轿、拉着彩车在市内游行。神轿内供奉着数尊北海道神宫的神祇，气氛热烈，场面盛大。

>> Look | 121

去日本，这么近，那么美

▲ 站在函馆山俯瞰函馆市区，能从灯火辉煌中感受到现代文明的美感，难怪函馆和香港、那不勒斯的夜景并称"世界三大夜景"。

Hakodate

函馆 山上大沼仙

璀璨迷离的都市夜景，"星"光烂漫的五棱郭城，仙姿盛大的大沼公园，带着浓浓欧陆风情的元町，童趣十足的哆啦A梦海底世界……函馆，从来都不是梦境，但梦，却恰恰从此起航向前。

和唯美宁静的札幌不同，作为北海道西南部的重要港口城市，毗邻津轻海峡，直面太平洋，素有"北方长崎""日本香港"之称的函馆始终都是繁华的、生动的。

自1858年通埠全球，曾经带着浓浓乡土气息的函馆，便已脱胎换骨，将自己嵌入了另一段如梦的繁华中。

操着流利阿依努语的爱奴人早失去了影踪，公元9世纪或者更早之前，这作为本州贵族流放地的小小函馆就成了探险者的天堂。

1221　Look >>

星空远方，白云归处，历史的细流在夜色中流转，澎湃的海涛也将太多的记忆与怀想夹杂。说实话，在岁月流觞中，如火如诗的函馆的确称不上厚重，但漫步其间，哪怕是最孤独的旅人，也会油然生出一丝亲近之意。

朋友，请留步，前方夜景醉美：函馆山

依偎着汤汤的太平洋，背靠着阡陌纵横的函馆平原，山，对函馆而言，本就是一种唯美的奢望，但不经意间，这种奢望却真的具现而出。

函馆山，不是名山，不是巨岳，不雄奇，不险秀，不峻拔，不壮丽，清清浅浅，素素雅雅，这座海拔只有334米的青山是函馆市内唯一的一座山峦，因为独一无二，所以，风华无双、令人向往。

只有9平方千米的函馆山的确不算大，但站在山巅，俯瞰夜色下的函馆，是希冀"美好的时光在路上"的你能留给自己的最美好风景之一。

夕阳西下时，或徒步，或乘坐缆车，或搭乘登山巴士，伴着落照，在墨蓝色的天空渐渐被星光渲染的时候，登临御殿峰（函馆山主峰），看着灯光一点点、一团团、一簇簇、一片片地在眼前晕开；看着函馆蜿蜒的海岸线若扇骨一般在惊涛卷雪的海面上用迷蒙的光勾勒出一把玉扇；看着一条条灯火璀璨的街道如一条条炫彩的光带般将盛世风情在"扇面"上演绎；看着如织的人流与车流如流动的光河一般汇聚成画中江山；看着海面上星星点点的渔火与长天共舞；看着……夜色下的函馆，任意一隅都是风景，都能让你的双眸泛出惊喜的微光。

相传，若是能与心爱的人一起发现夜景中的心形图案或者代表着心与爱情的文字，并对着它许下愿望，两个人就能一生一世一双人，相伴到白首。

夜露湿寒时，若仍不愿下山，可以到展望台上的

▲ 函馆有许多以斜坡闻名的街道，比如鱼见坡、八幡坡、船见坡，等等。其中最具代表性的还要数八幡坡，这里经常被选为电影和电视节目的拍摄场地，因而广为人们所熟知。

去日本，这么近，那么美

咖啡馆中喝杯咖啡，或者到餐馆中热热闹闹地吃顿章鱼火锅，一边聊天，一边赏夜景，灯火与渔火相映，夜色连着海天，也自是一番天空海阔。

一夜冉冉，流过波涛，当阳光用金白色的蜡笔将夜色涂抹时，站在山巅，俯瞰晨曦中的函馆，繁华的街道，充满异域风情的建筑，蔚蓝的海涛，粼粼的海面，扬帆的渔船，袅袅的炊烟，虽无函馆的夜景辉煌绚烂，但这浑然天成的活力笔调，也自有一番凡尘的精致。

裹着霞光，一路下山，去附近的朝市，吃一碗新鲜无比的海鲜料理，顺便再沐浴着浓浓的市井风情，在不绝于耳的叫卖声中，淘换一些物美价廉的干贝、海胆、帝王蟹、鱿鱼等带回去，无论是自己大快朵颐，还是作为伴手礼送给朋友，都不错。

星星上的粉色烂漫：五棱郭城

一日之计在于晨，吃一顿章鱼烧，将洪荒之力蓄满之后，五棱郭烂漫之旅就可以起航了。

五棱郭城，是日本第一座西洋风格的要塞，呈五角星形，始建于江户时代。曾经巍巍的城郭早已在战火中支离，站在时光对岸的我们，能见的也不过是一段段古老而残缺的城墙，以及新修建的城内公园。

在北海道，五棱郭城不仅是铭刻历史的沧桑之地，还是著名的赏樱胜地。

▲ 五棱郭塔

每年春天，樱花盛放的时候，城内数千株樱花树会一起用花瓣编织一副华美的绣品，漫步花间，粉白的诗意顷刻间便醉了心神。

城西南高九十余米的五棱郭塔是赏樱的最理想之地，站在塔上，向下仰望，整个五棱郭城就像是一朵粉中带着樱白的星形花朵，如梦似幻。而真正的"五棱郭之梦"，其实是在冬季，当凛冽的北风将五棱郭的护城河冰封时，一盏盏香灯会在夜晚时在皑皑冰面上亮起，一盏又一盏，星星点点，连缀成一条璀璨的星链，与天空的繁星相应和，美不胜收。

Chapter 5 ● 有一种绝色，叫北海道

▲ 五棱郭是日本江户时代建造于函馆市的一座星形要塞城郭，也是日本第一座以西洋建筑格式建造的城堡。

瑶池在人间的倒影：大沼国定公园

采撷了星星上的粉色烂漫之后，到大沼国定公园去悠悠然地喝一杯下午茶，绝对是件美好的事情。

距离函馆市中心约二十千米的大沼国定公园是函馆的地标之一，占地九十多平方千米，"仙姿"盛大，风景优美，空气更是清新。

大沼湖，小沼湖，碧波如画；驹岳山的倒影与湖面上大大小小、千姿百态的岛屿交织，俨然人间仙境。

尤其是天气晴好的时候，明净到剔透的蓝天上，白云作筏，洒满了暖意的湖面上，一株株或红或绿或黄、或峻拔或纤秀、或繁茂或造型奇异的树木凌波而立，风声、水声、树叶的簌簌声连成一片，不是歌，却比歌声更清越。举目远眺，山峦隐约，叶片连成了斑斓，几只不知名的鸟儿翔空而过，不知归处，唯有

>> Look | 125

去日本，这么近，那么美

▲ 函馆的圣诞夜，东西方文化在这里融汇，缤纷的落雪与城市交织成一个美妙的童话世界。

那水面上升腾起的薄薄水雾，仍袅袅着仙境的雍容。大沼很美，且这种美是自然的、纯粹的，走进大沼，胸中的烦闷不知不觉间便会淡去。

哆啦A梦海底世界：欢乐梦想乡

离开大沼，在墨鱼铁板烧的清香还在舌尖跳跃的时候，坐上哆啦A梦海底专列，来一次"海底总动员"，绝对是个好主意。

充满二次元曼丽色彩的专列，无论是车身上，还是车厢内，都绘满了动漫中的人物，车头上更有蓝蓝的哆啦A梦领航。

车厢内有一间特别布置的"大雄的卧室"，卧室中不仅有能通往异时空的抽屉，白色的柜橱推拉门后还真的躺着一只来自异次元的哆啦A梦。

专列运行的时间并不是特别长，不同的季节不同的时间，会有不同的动漫主题活动在车上上演，随车也有一些周边产品出售，如哆啦A梦玻璃挂件、木雕的大雄，等等。另外，车上还有萌萌的儿童游乐区，带着小宝贝的游客千万不能错过。

列车到站之后，首先映入眼帘的就是一座如哆啦A梦的"任意门"一般的门扉。穿过海底隧道，推开任意门，刹那间空间流转，属于大雄的世界就以一种奇特的方式在我们面前缓缓拉开。

憨厚的大雄，貌似蛮横的胖虎，娴静可爱的静香，狡猾可爱的小夫，胖乎乎、圆滚滚、戴着铃铛，似乎无所不能的哆啦A梦，一个个记忆中的角色，一个个熟悉得不能再熟悉的场景，穿越时光，蜂拥而至。这一刻，无论是谁，大概都遏制不住那一颗跃动的童心，于是，不管不顾地就一头扎进了这欢乐的梦想之乡，如痴如醉。

历史繁华如诗：元町

乐颠颠地将多彩的童年"饱餐"之后，再来一道精致的饭后甜点委实不错，而于函馆而言，这甜点就是元町。

元町就在函馆山下，依山傍海，颇有几分历史遗韵，唯美的街道洋溢着复古的气息，一座座欧式、美式、俄式的房屋鳞次栉比，异域情调满满。

青石铺就的八幡坂，绿树成荫，直达大海，伫立坡道上借着那奇异的坡度，瞭望大海，碧蓝的海面，白色的风帆，熙熙攘攘的港口船工，自是别有一番韵味。

漫步其间，时不时地可见一辆电车缓缓驶过。黄昏时分，在晚霞与路灯的映衬下，拍出的照片委实别具一番文艺气质。

旧英国领事馆、圣约翰教堂、哈里斯托斯正教堂等，在元町都小有名气；尤其是造型优美、极具拜占庭风情的哈里斯托斯教堂，更是元町最佳的观海点。

走出元町，若有闲暇，不妨去函馆热带植物园逛一逛，植物园内不仅有各种各样的热带植物，还有一群来自异界"花果山"的"猴星人"，每年12月到次年5月，"猴星"来的"孙行者""者行孙""行者孙"们都会呼朋唤友下山来一起泡温泉。看着温泉池中或抓耳挠腮、或闭眼享受、或欢蹦乱跳、或快乐地打着水仗的猴子们，站在池边的你，也唯有羡慕的份儿了。

幽怨地回首望一眼"猴星"来的"大圣"，果断闪开，去特拉比斯奇奴女子修道院瞻仰一下圣母，去惠山赏赏杜鹃，去高龙寺拜拜佛，去圣约翰教堂与神父一起画个十字架，念一声"阿门"，其实都挺好。

每一座城市都如歌，每一处风景都如梦，城市不同，梦境斑斓，而这一场梦，恰恰自函馆起航，夜色之下，万帆竞渡，直达远方，远方……

旅行·印象
函馆朝市

邂逅函馆，海鲜是一定要吃的，而要买到最新、最鲜的海鲜，则一定要到函馆朝市。函馆朝市是北海道极具代表性的市场，市场内还有一座墨鱼池，游客可以自己垂钓，然后让市场的大师傅现场将墨鱼烹饪成美味的料理。

Otaru

小樽，最好的时光，最美的《情书》

小樽不是一幅风景，但却如画，激艳的运河滚落了朝阳，青草的芬芳中沾满了玻璃的反光。不记得，音乐盒堂的钟声何时将流年奏响，童话十字路口，捧着《情书》的你我却早已忘记骑着天狗的藤井去了何方……

雪中的小樽运河分外迷人

小樽是一个怎样的地方呢？

罗曼蒂克的爱情乡？温柔沉静的玻璃城？八音盒的天堂？盛放之后归于落寞的商埠？

或许都是，或许都不是。

曾经的小樽，只是石狩湾畔一个安静的小渔村。开埠通商之后，渐渐蜕变成"北方华尔街"；繁华落幕后，却又以一种洗尽铅华的姿态演绎着别样的浪漫与温情。它是北海道西南部的重镇，三面环山，一面临海，港阔水深，为天然良港，物产虽不是特别丰盛，地域也不算宽广，但娇小玲珑，别有一番风致。

因是古镇，小樽的街道都很古朴，撑一把花纸伞，走在小樽的街头，烟雨迷蒙时，凄美别样。若有闲暇，租一辆脚踏车，花费一下午的时间，慢慢地转遍整座小镇，无论春夏秋冬，都能体会出岁月静好。

暖暖的昏黄，淡淡的浪漫：小樽运河

小樽是座非常适合怀旧的城市，没有东京的繁华，不比大阪的喧嚣，空气中却充满了酸酸甜甜的爱情味道。

开凿于1914年的小樽运河，是小樽的地标，也是北海道最纯美的爱情向往，温醇、安然，又带着一抹浅浅淡淡的凄凉。

潋滟的水波倒映着岸边成排的红砖仓库群，河边的步道旁，每隔一段距离，就有一根复古的煤油路灯静静地矗立着沧桑。金乌西斜、玉兔冉冉之时，一盏又一盏路灯渐次被点亮，昏黄的灯光晕染着星空，清清浅浅的水波似要将这经典的水上风情绘作一幅画。

阳光晴好时，初雪飘落时，黄昏细雨时……每一个平凡或不平凡的日子，每一段难忘又纤柔的时光，运河畔总少不了或悠然漫步或静坐写生的人。

▲ 小樽街头的卡通雕塑

顺着潺潺的水流一路向上漫溯，来到浅草桥，站在桥上静静地远眺，小樽最绝美、最精致的风景跃然眼底。手中的快门与心中的快门同时按下，这纯美的图景便瞬间定格。

午后，阳光微醺的时候，坐在河边晒晒太阳，或者乘坐游船畅游小樽都是不错的选择。若皆不愿，坐上河畔的人力车，让身着传统服饰的车夫带着你体味一下复古的小樽那糅合了日本民风的独特欧洲风情，却也是一番享受。

厌倦了水的温柔缱绻之后，走进运河对岸由旧仓库改建的海猫咖啡馆，轻轻啜一口咖啡，一路的辗转，过往的爱恨便都随风而逝。

玻璃上的风华绝代：北一硝子玻璃工坊

走出海猫屋，带着一丝慵懒，悠然漫步，不知不觉间便来到了北一硝子玻璃工坊。

小樽是玻璃之乡，而"北一硝子"则是玻璃乡中的玻璃博物馆。

这座建于大正时代的玻璃工坊，厚重中带着几许难得的精致，虽是运河畔的砖石仓库改建，但中正大气，尤其是秋季，叶子凋零时，橙红的果实映衬着暗红的石墙，一股古韵翩然、铅华洗尽的素朴气息便扑面而来。

四千多件融合了西方新艺术风格和日本传统雕塑之美的玻璃艺术品就像是夜空下一颗颗璀璨的繁星，大小不同、造型各异。

工坊内光线有些晦暗，尤其是三号馆，167盏油灯忽明忽暗，四壁墙架上的艺术品映着灯火，熠熠闪光，充满了魅惑。

在尽览了满目琳琅之后，再去欣赏一下不用模型就能吹制出各种花式玻璃的"吹空"绝技自是相得益彰。若是自信自己的动手能力足够强，还可以借工坊的场地设备，手工DIY一个玻璃作品；若是不愿动手，去坊内的购物区购买一些玻璃工艺品也不错。

音符上跃动的橙红月光：小樽音乐盒堂

岩井俊二的《情书》，曾几何时，凝聚着年少的我们对爱情的所有幻想。作为《情书》的外景地，小樽的每一个角落似乎都浸润着浪漫的味道，而音乐盒堂，则恰恰是那个最浪漫的地方。

音乐盒堂与其说是一个纪念品商店，更像一座博物馆。事实上，它也的确是博物馆。

砖红的外墙默默地洒着沧桑的味道，古旧的欧式拱窗，略显突出的石砌出入口斑驳着橙红的月光。

一座5.5米高的西洋蒸汽座钟静静地矗立在门首，每隔15分钟，在蒸汽的作用下，奏出悠扬的乐章。大钟的人气很高，许多游客甚至慕名而来，用各种欢悦的姿势与它合个影。

▲ 在八音盒堂中参观的人群，都沉浸在音乐盒流淌出的悠扬乐曲中。

◀ 在日本导演岩井俊二的电影《情书》中，小樽的八音盒堂就是主要的取景地，带给了电影一种浪漫与童话般的氛围。

轮、旋转木马等比比皆是，尤其是玻璃的旋转木马八音盒，备受青睐。

历史，行走在路上：小樽交通纪念馆

聆听过那跳动的音符后，去小樽交通纪念馆感受一下行走在路上的历史也别有一番风趣。

作为北海道铁路的发源地，小樽的交通系统十分发达，小樽交通纪念馆也是整个日本规模最大的一家交通纪念馆，占地多达5.8万平方米。馆内典藏了将近五十辆蒸汽工业时代的传统火车，对火车发烧友来说，这里就是天堂。即便是对火车没什么兴趣，在馆内逛一逛，详尽地了解一下日本海陆空交通的发展历程，也有益无害。

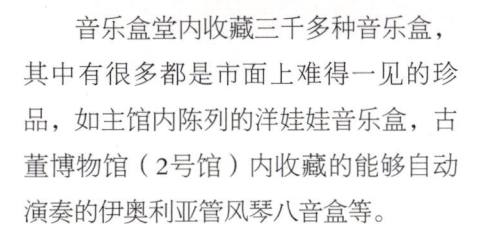

音乐盒堂内收藏三千多种音乐盒，其中有很多都是市面上难得一见的珍品，如主馆内陈列的洋娃娃音乐盒，古董博物馆（2号馆）内收藏的能够自动演奏的伊奥利亚管风琴八音盒等。

除了藏品，馆内还有许多用于出售的精品音乐盒。有玻璃的、陶瓷的、木头的，也有金属的。音乐盒的造型也很多，招财猫、Hello Kitty、寿司、摩天

>>Look | 131

▲ 小樽产的葡萄酒

天狗望月，最纯美的浪漫：天狗山

走出交通纪念馆，从蒸汽时代的铁与火瞬间回归现代繁华，心，忍不住有些疲累，寻一家纯粹的日式料理店，吃一顿热腾腾的"成吉思汗羊肉"料理，火热的激情再次击中人心，趁着精力正好，立马开启天狗望月之旅，自不待言。

天狗山是小樽的最高山，海拔532.5米，站在山巅，能俯瞰整个小樽，尤其是华灯初上、新月如钩的时候，月光如雨，淅淅沥沥地洒下，照亮了小樽，也编织出了一曲纯美的爱情童话。

曾经，渡边博子就是在这里与藤井树上演了无数的悲欢、太多的爱恨啊！

登天狗山，可以坐缆车，也可徒步。在缆车站后方有一座著名的天狗塑像。巨型的天狗脚踩云霞，威风凛凛，那长得有些过分的鼻子更让人一见难忘。相传天狗的长鼻子据有流星和佛陀的双重属性，摸摸它，不仅能避邪祈福，还能心想事成。是不是真的，无从考究，但有兴趣的话，去试试也无妨。

天狗山的风景不算独好，但也花红柳绿，带着一种淡淡的乡野风情。每当山上那棵著名的"天狗樱花树"开花的时候，樱花映着碧海，蓝天为衬，倒也别有一番美好。除了樱花，天狗山上的花还有很多，郁金香、甘菊、德国燕子花等，群芳荟萃，应有尽有。樱花树旁还有一座花鼠公园，喜欢呆萌小清新的你倒是可以备些饵料，过去看看。

赏景之余，若有闲暇，有精力，尽可以去体验一下天狗山丰富多彩的娱乐活动，比如山顶森林浴、滑草、滑雪、雪地徒步等。

▲ 夜色下的小樽运河

一盏灯，一个梦，一分情：雪灯路

浪漫的小樽，处处浪漫；精致的玻璃城，无处不唯美。

小樽的景点的确不多，但每一处都很经典，最经典的就是雪灯路。

雪灯路，说是路，实际上并没有明确的所指。当2月的冬雪皑皑，当镇中家家户户门前都有一盏蜡烛灯被点亮，当运河的水波凝固成灯光闪烁的童话，当河岸边、屋檐下，处处都有烛光闪烁，那么，小樽的每一条街、每一条路，都是雪灯路。

而运河之上，一条结实的细索蜿蜒，过往用于捕鱼的玻璃浮球倒悬其上，每一颗浮球中都有一支烛灯无声地闪烁着温馨与迷情。

而在雪与火交织的日子，童话十字路口的风光最为旖旎。

静静地站在雪地上，以明治时代、大正时代的数栋欧式建筑为背景，映着烛光，拍出的街景最具浪漫气质。

小樽是个什么样的地方呢？

温柔、沉静、凄美、复古，带着几许文艺的苍凉，携着一抹纯美的浪漫。

邂逅小樽的日子，并非刻骨，却是最好的时光；书写小樽的笔墨，浅浅淡淡，却是最美的《情书》；一朝相遇，便是难忘！

旅行·印象
梦幻"坂道"

小樽依山傍海，地势起伏，受地势影响，城内形成了一条条坡状的街道。坡道南北向倾斜，站在坡道较高处，可直面大海。冬季，茸茸雪片缤纷时，被称作"坂道"的一条条坡道更如梦如幻。

Chapter 5 有一种绝色，叫北海道

\>\> Look |133

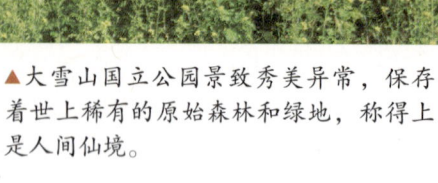

▲ 大雪山国立公园景致秀美异常，保存着世上稀有的原始森林和绿地，称得上是人间仙境。

▲ 大雪山国立公园中的银河瀑布自山顶飞泻而下，宛如一条白色玉带，飘在巨石之间。

Asahikawa

旭川，初雪飘落的地方

邂逅旭川，大雪山巅，氤氲的不是薰衣草的淡雅风情，不是黛瓦红墙中复古的斑斓，而是如织雪瀑下飞溅的无垠冰蓝，是时光中不泯的眷恋，是企鹅永远的娇憨，是夕阳斜照下的旭桥，更是初雪飘落时独属于幸福的味道。

不到旭川，你永远都不会知道，原来雪竟能被演绎得如此出尘绝俗、如此淋漓尽致。

雪与旭川似乎原便有着千年万年不解的缘。

旭川是北海道第二大城，位于上川盆地上，为石狩川及其支流蜿蜒横贯，历史悠久，交通发达，人文气息厚重，是日本著名的艺术之城，"优佳良织"闻名遐迩。

因地形的缘故，旭川有着一望无垠的辽阔牧场，碧草茵茵间，薰衣草飘香。盛夏之时，漫山遍野的紫色赫然绽放，惊艳了霓虹，也痴迷了日光。一只只黑白花的奶牛则懒洋洋地沐浴着青草香，步履悠闲，目光微垂，似乎不远处拖着铁犁的马儿之间的种种竞技全然入不得它们的法眼。几只叫不出名字的野蝴蝶在斑斓的野花之间翻跹，薄薄的、嫩黄的翅膀不时轻轻扇动，整颗心却已凝固在那大雪山的方向。

▲大雪山是世界上少有的美景。天然形成的悬崖峭壁上，覆盖着皑皑白雪，如同数万条白带在空中飞舞，令人神往。

冰与火的礼赞：大雪山国立公园

位于北海道中央高地上的大雪山国立公园是日本最大的国立公园，也是北海道的地标。

大雪山很大，辽阔的面积甚至令日本第一都东京都自惭形秽。

曾经，它被爱奴人视为"圣山"，现在，它身上神秘瑰丽的色彩依旧浓厚得化不开。

大雪山之美，美在雄奇，美在多样，更美在自然，那没有任何一丝斧凿痕迹的自然风光委实令人不得不为大自然的造化神秀而击节赞叹。

所谓大雪山，指的是以旭岳为主峰的二十多座海拔在两千米左右的山峰组成的连绵火山群。巍巍的山峦，雄奇险峻的地形，千沟万壑的峡谷，银河星落般的飞瀑，傲娇的冷杉，大片大片的鱼鳞松，仍带着原始苍莽气息的绿地……所有的一切，都让这仿佛不食人间烟火的"北海道屋脊"变得鲜活可爱了起来。

>> Look | 135

大雪山地形奇特、地理多变、植被茂密，物种也相当丰富。

漫步林间，时不时地你就能在铺满落叶的小径上见到两只在阳光下一边慨叹寂寞如雪一边悠然踱步的棕熊；冷杉枝头，花猫头鹰孤独地伫立着，双目炯炯，似是在思考人生，良久，它才不屑地朝着树下撇撇嘴，展开那线条与色彩同样斑斓的翅膀，继续自己说飞就飞的雪山探险之旅；而树下的草丛中一只古灵精怪的鼠兔则悄悄探出小脑袋，用小爪子拍着胸脯，长舒了一口气；草丛中，淡紫色的野花上，一对高山蝶则相对窃笑，一只将头深深地埋进了花蕊里，另一只则仰望着那高高的旭岳出了神。

初雪飘落的地方：旭岳

海拔2290米的旭岳是大雪山的主峰，也是大雪山的最高峰。每年9月，当盛夏的繁花与初秋的黄叶在蔚蓝的晨光中交织的时候，旭岳之上初雪便已飘落。

北海道是整个日本雪花最先飘飞的地方，而旭岳则是北海道的"初冠雪之地"。相传，在初雪飘落的那一天，两个相爱的人在一起，手捧初雪，便能收获幸福。遑论其中真假，但不得不说，初秋时节，来北海道赏雪，看着那漫山的苍翠一点一点渐次被白色覆盖，看着那一点点、一片片、一块块、一层层晕开的晶莹，看着那雪中黛绿、火中点白的胜景，看着那炫舞在天穹间的唯美缓缓蔓延开来，的确是一件非常浪漫、非常幸福的事情。

旭岳的雪期十分漫长，但绝大多数人，尤其是恋人，还是愿意在9月下旬来大雪山，看那一场初雪。

彼时，初雪纷扬，却丝毫都不觉严寒。站在山麓，举头仰望，山巅之上，云霞蒸腾，雾霭沸跃，于流动与变幻间彰显着一种静谧且奇幻的美。在雾海之中，初雪若隐若现，和着山风，与冬日的残雪一起演绎着独一无二的"雪色浪漫"，漫山的叶儿在羡慕之余也羞红了脸颊。

大雪山是日本红叶红得最早的地方，9月，邂逅旭岳，不仅能赏初雪，还能与遍野美好的红色撞个满怀。

坐着缆车，从空中俯瞰，层林尽染的壮丽，烂漫无边的红，美得是那般惊心动魄。

若不愿搭乘缆车，徒步登旭岳也是个不错的选择。

旭岳纬度高，海拔高，是高山植物的乐园，且从山顶到山麓，植物的垂直变化非常明显。

盛夏时节，无数野花竞相烂漫，郁郁苍苍中带着几许纯白的旭岳瞬间变得万紫千红。

踩着山间青石，嗅着花香，一路攀登，在海拔1600米处，犹抱琵琶半遮面的姿见池便露出了它明媚的娇颜。

姿见池是一座火山湖，面积不大，但得天独厚，涟涟的湖水映着山巅的冰

▲ 在层云峡攀登冰冻瀑布的攀登者

蓝，和着天空的碧蓝，裹着阳光中梦幻的蔚蓝，绝美壮观。午后，坐在湖边，伴着侧畔森林中啁啾的鸟语静静地读书到黄昏，委实是一件惬意的事情。

荡胸生层云，冰瀑舞翩跹：层云峡

大雪山上，钟灵毓秀之地有两处，一是主峰旭岳，二是层云峡。

层云峡位于大雪山山麓，高达数百米的凝灰岩绝壁四立，崖间偶尔的绿意恰是这千蚀万腐的奇异山水画卷中最亮眼的那一笔。平和宁静的溪流在历经了百米落差的跌宕之后，飞流直下，恍若九天银河倒悬，又若万条银色丝带横空舞着霓裳，灰岩白瀑、雪峰蓝天，美不胜收。

尤其是冬季，咆哮的水流在空中凝结为冰瀑，那绝美的剔透之下仿佛仍有淙淙的水声在流转。极目望去，峭壁千仞，冰瀑横空，阳光如水般洒下，灵动的冰瞬间变成了七彩的泉，虹光点点，壮美而绮丽。

站在峡下久久凝望，转身之时仍忍不住将这万壑横斜的壮观铭刻，但所有的美好终究是要化为内心的温泉方能常驻，就如，那暖暖的层云峡温泉街。

层云峡温泉，是与登别温泉、定山溪温泉、洞爷湖温泉齐名的温泉街。街上温泉旅馆林立，室内温泉、露天温泉、足浴比比皆是。夕阳沉落时，静静地泡在温泉中，任微烫的泉水将全身浸润，隔着蒸腾的水汽，看影影绰绰的旭岳，看千奇百怪的冰瀑，看烂漫山花，看一峰红叶，人生至此，夫复何求。

极地的动物party：旭山动物园

泡完温泉，美美地吃一碗旭川有名的酱油拉面，一夜安睡。第二天，伴着晨曦，与旭山动物园的动物们一起来一场极地狂欢，倒是一场不错的惊喜。

旭川动物园是日本最北的动物园，也是日本最大的极地动物园，和其他对游客严防死守的动物园不同，人与动物在这里几乎能零距离地亲密接触。

在海豹馆，快乐的斑海豹们三五成群地聚在一起，有的耍着尾巴扮花腔，有的化身"菲尔普斯"如利剑一般在水中垂直游动，有的和心爱的它耳鬓厮磨，有的则躲在根本就掩不住身形的砂石后想着心爱的企鹅妹妹。

企鹅馆中的企鹅一如既往憨态可掬，一只又一只，尽皆旁若无人地在皑皑的雪地上摇晃，笨拙地用橘红的脚蹼留下属于自己的足迹，却又乐此不疲。偶尔，某只胖胖的小企鹅还会抱着大无畏的倔强从你身边大摇大摆地走过，当它用异样的、无辜的眼神好奇地望着你时，你陡然就会觉得这个世界真萌。

慨叹之余，目光转向那一只、两只、三只在水中360度飞一般游弋、不断变幻着各种高难度泳姿的黑头企鹅，你才恍然，原来，企鹅才是这里的大咖啊，谁要敢说它笨，那真是打自己脸啊。

和企鹅一样，深明低调之真谛的北极熊也是泳界的一把好手，若是动物界举办游泳大赛，花落谁家还真不可知。不过，看着那只一屁股坐在雪堆上、双爪抱着一只鳕鱼美滋滋地晒太阳的庞然大物，无论是谁，怕也会忍不住捧腹。

除此之外，狼之森林、河马馆、猴山、猛兽馆、北海道本地动物舍等也颇值得一游。

▲ 未进入雪之美术馆前就会被其外形深深吸引，博物馆的建筑采用欧洲中世纪造型，外面的空场上还有很厚的积雪，白色的建筑内，一切也都是纯洁的白色。

◀ 旭山动物园内憨态可掬的企鹅摇晃着肥硕的啤酒肚，笨拙地展现它们的舞步。

雪之凝眸：雪之美术馆

参加完极地动物大party，倒不妨趁着阳光晴好，到北海道传统艺术村逛逛。

村里欧式建筑林立，各种艺术馆、博物馆云集，如优佳良织工艺馆、国际染织美术馆、雪之美术馆等，其中，最美轮美奂的自然是雪之美术馆。

雪之美术馆，馆如其名，外观纯白，造型仿若欧式教堂。

走进馆内就仿佛走进了冰雪的世界，各种各样的冰雪结晶，六边形的"雪"之旋转楼梯，闪烁着剔透蓝光的冰之回廊，数百张雪花的显微照片，音乐堂穹顶上巨幅的《北之天空》壁画和《大雪的自然·冬》挂画，无一不让这雪与冰的世界充满了文艺的气息。冰室内，那一个又一个造型奇特的雪之结晶更将雪之绝美作了最淋漓的演绎。

时光在冰雪中不泯，岁月在夕阳中流岚，当雪之美术馆成为身后的背景，邂逅的脚步却无须停留：有熊出没的北之森熊牧场、阔大的黑岳滑雪场、粉红色的罗曼蒂克街、古老的上川神社都在等着你的凝眸。

或许，旭川并不是最美的，但当初雪飘落、层云浴火，瀑布流泉中有动物欢歌时，氤氲在水墨中的幸福缓缓展开，那一刻，旭川的美，无出其右，毋庸置疑！

旅行·印象
"国士无双"清酒

"国士无双"系列，是"高砂酒造"以大雪山纯净雪水为原料酿造的清酒，在北海道极具盛名，与"冰点下41度"巧克力及酱油拉面，并为"旭川三大名品"。

专题

典雅文化
歌舞伎

"玉箫声里锦屏舒,铁板停敲上舞初。多少痴情儿女泪,一齐弹与看芝居。"当年晚清诗人黄遵宪在日本看到歌舞伎的表演,深有感触,便在《日本杂事诗》中留下了这般抒情诗句。

● 日本国粹

在日本,歌舞伎是最受欢迎的古典戏剧艺术形式,其地位堪比京剧在中国的地位,二者并称为"东方艺术传统的姊妹花"。歌舞伎起源于17世纪的江户初期,在1600年演变成为一个成熟的剧种,是日本典型的民族表演艺术。明治时代,被西洋文化影响的知识分子看到西方国家对艺术的重视程度,将自己独有的歌舞伎视为国家文化的象征,歌舞伎的地位上升,从此被视为现代人所谓的艺术。历经400年的发展,古典化的歌舞伎已经成为日本传统国粹文化的代表,2005年被联合国教科文组织列为非物质文化遗产。

● 艺术始祖

虽然歌舞伎的演员依照传统规定只能为男性，但歌舞伎这门艺术的始祖却是日本古代一位妇孺皆知的美女——出云阿国。阿国本是岛根县出云大社的巫女，为了筹款修缮神社，在京都街头搭台演出，一改传统宗教舞蹈形式，女扮男装，潇洒俊美，还在表演中即兴加入了许多诙谐的情节，立时引发轰动。阿国独创的《念佛舞》经过不断充实和完善，从民间传入宫廷，最终成为独具风格的表演艺术。

▲ 歌舞伎在日本有着悠久的历史，其地位堪比京剧在中国的地位。二者并称为"东方艺术传统的姐妹花"。

● "女形"的魅力

歌舞伎的表演者称为"女形"，即由年轻秀气的男子扮演女性角色，类似京剧艺术中"花旦"的角色。虽是男子，在舞台上却是烟视媚行、顾盼生辉，营造出一种虚幻的艳丽氛围，而观众往往也沉迷于"女形"所创造出的女性魅力之中，如痴如醉，很恰当地迎合了早期歌舞伎强调美形、侧重以娇媚之态吸引观众的特点。但因社会背景及歌舞伎艺术的发展，逐渐以成年男性代替青少年来出演，这时的歌舞伎脱离了只重外表的浮华之风，转而追求演技，"女形"也更多地摒弃了舞台的妖艳，追求自然健康之美。歌舞伎中的"伎"字本就是表演技巧的意思，这种改革让"伎"得以发扬光大，歌舞伎本身的艺术价值也得以提升，长盛不衰。

● 绚丽多彩的演出

歌舞伎的演出内容可以分为两类，一类是以历史上贵族和武士的故事为主的"荒事"，另一类是表现平民男女爱情生活故事的"和事"，通过舞台上的故事对观众进行行善惩恶的道德教育。歌舞伎的舞台布景十分讲究，结合了古老的日本花道艺术，作为演员登台的必经之路，拉近了演员与观众的距离，又采用了现代高科技的旋转舞台和升降平台，变化多端，辅以演员们雍容华贵的装扮，绚烂多彩的舞蹈演出，可谓规模宏大、富丽堂皇，给人以超脱现实的视觉享受和心灵美感。

当舞台上华彩的灯光亮起，一个个如梦如幻的"美女"自花道长廊款款而来，又一出人间离合的大戏即将上演。谁的笑，谁的泪，都如同梦里的悲欢。

>> Look | 141

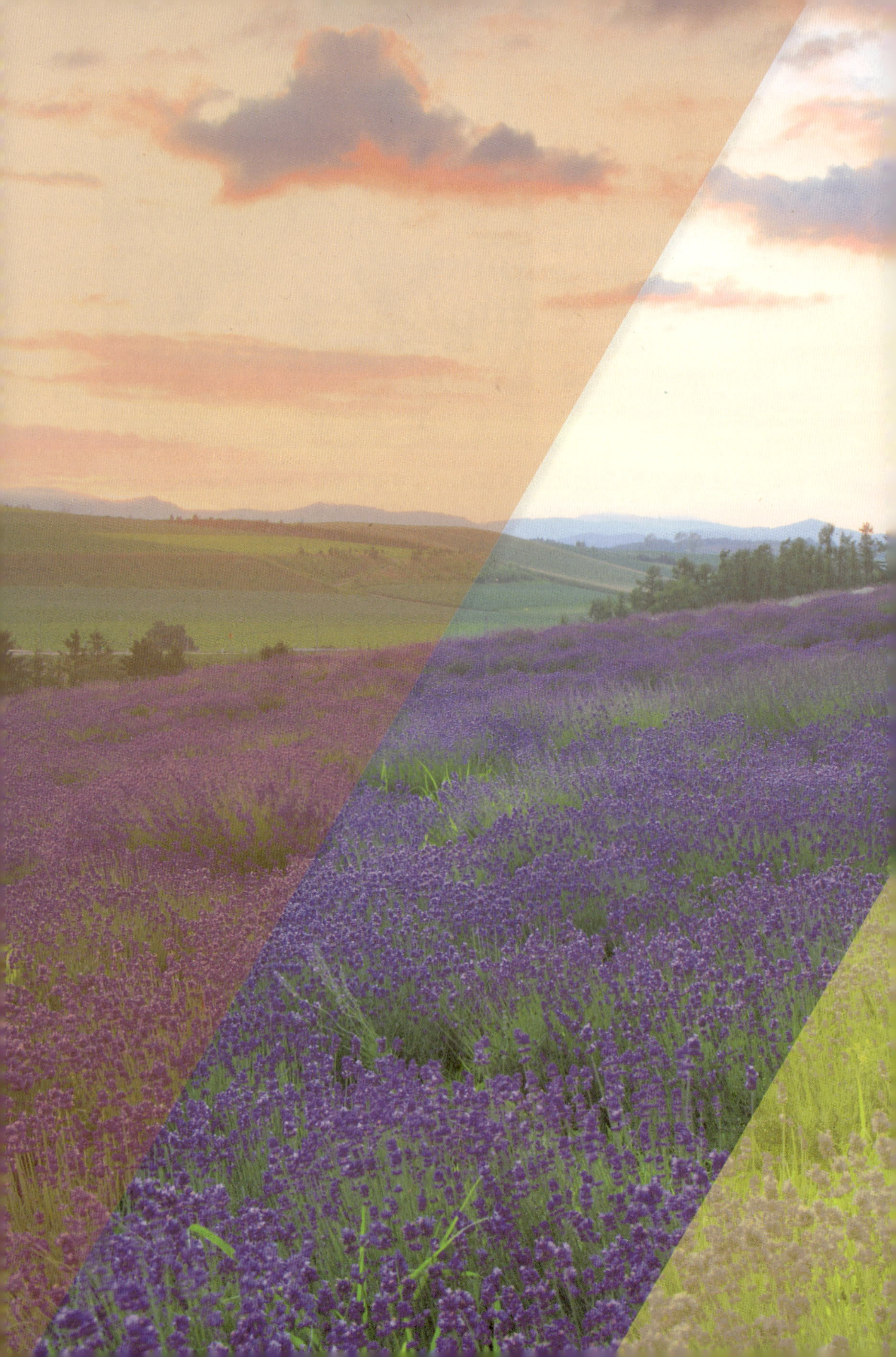

Chapter

6

别样日本，**别样风情**

Okinawa

冲绳，白沙碧海，日本"夏威夷"

青 洞的水波流不尽冲绳的柔情，汤汤的碧水截不断古琉球的缱绻，万座毛随风，黑潮之海婆娑着波上宫的艳阳，首里城袖舞翩翩，谁也不知道洋兰下的珊瑚礁浸染的是不是远古的风霜……

冲绳，无论古今，都是一个富有诗意的地方。

曾经它是琉球古国，历史的烽烟赋予了它额外的沉重，但于你我而言，这片隔中国台湾省与大陆相望的岛链不过是一片温馨多彩的乐土，是一个可以将大海与蓝天一齐拥抱的地方。

位于日本极西南的冲绳，由冲绳列岛、宫古列岛、八重山列岛等大大小小六十余座岛屿连缀，构成一条弧形岛链，面积不大，却是东亚、东南亚交通要塞，为它，亚洲诸国曾数燃战火。

因为开埠通商较早，且地理位置异常优越，冲绳自古便与东南亚诸国往来频繁，是以，虽然它名义上是日本47个都道府县之一，但无论是历史、风俗、艺术、建筑风格，还是服饰、饮食、行为方式，都兼具东南亚、日本、中国及美国之风。冲绳诸岛地处亚热带海洋气候区，气候温和，阳光明媚，碧海白沙，惬意宜人，直如夏威夷，故被称为"日本夏威夷"。

碧海白沙，青洞潜水

每一个地方都有属于自己的风华，每一个城市都有属于自己的符号，冲绳的符号就是海，碧海白沙，椰林树影。

冲绳的海很蓝，蓝得温暖，蓝得斑斓。

一望无垠的海面上，深浅不一的蓝色海水由远及近自然而然地晕开。海天相接的地方，天空的蔚蓝与海的幽蓝交融成一种迷人的瑰丽，这份瑰丽如涟漪般向着海岸流动，明蓝、蔚蓝、宝石

▲ 冲绳历史文化村中的建筑和红色的木槿花

▲ 冲绳八重山诸岛的石垣岛和西表岛提供了日本最好的浮潜和深潜地点。乘坐小舟出海，然后潜入枝形珊瑚、桌形珊瑚和软珊瑚的乐园，你会看到一个别样的海底世界。

蓝、深蓝、纯蓝、碧蓝……万千种蓝色的梦幻交织，层次俨然，泾渭分明。及至眼前，那带着几许寒意的幽蓝早就变得如水晶般剔透，五彩斑斓的珊瑚礁与岸边如雪的白沙相映，嶙峋的青石与挺拔的椰树并肩，衬着万里无云，勾勒出一幅绝美的海景画卷。

作为国际知名的海滨度假胜地，冲绳与海有关的活动从来都丰富得让人赞叹，海钓、冲浪、帆板、观鲸、游泳等应有尽有，而最刺激、最好玩、最具冲绳特色的还是潜水。

冲绳岛链能潜水的地方有很多，宫古列岛、八重山列岛海域更是天然的潜水湾，不仅海下景色斑斓，遗世独立的岛屿更完好地保留着最原始的自然风光，但这些离岛距离本岛实在是太远了，所以，在冲绳，人气最高、最理想的潜水地点还是本岛的青洞。

青洞的海水十分清澈，浅海就有绮丽的珊瑚礁摇曳，适合浮潜，也可适度深潜。戴好护目镜，穿上潜水服，一头扎进海水中，看着海水的颜色不断地垂直变化，看着碧波中悠闲的海葵，看着身边或成群结队、或踽踽独行的热带鱼，感受着海底迥然的神秘、瑰丽与斑斓，那种新奇，那种欢快，那种惊喜，委实令人难忘。

黑潮之海鲸鲨舞：美丽海水族馆

弄潮碧海，潜游海底，自然是有一种惬意，但对怕水的人来说，潜水其实是一种奢望，但无法潜水，却不意味着无法亲身领略海底的斑斓。

美丽海水族馆就在冲绳海洋博公园内，它不仅是日本最大的水族馆，还是世界上水吨位第一、水槽厚度第一、鲸鲨数量第一的水族馆。

从北门停车场入口进入，经"渔夫之门"下到三楼，与鲨鱼纪念碑擦肩之后，走进水族馆，首先映入眼帘的就是一排风景各异的触摸池。

触摸池内的水并不深，里面游弋着一些海参、海星，坐在池边，伸手可以很轻易地触摸到它们。

触摸池往前就是著名的珊瑚之海，红、黄、白、蓝、紫等各种颜色的七十多种珊瑚礁，错错落落，构成了一个又一个造型各异的珊瑚群落。有奇异的环状，有斑斓的小山，有华美的珊瑚树，有壁立千仞的悬崖，有盛放的鲜花，有色彩绚烂的"五彩珊瑚龟"，凡此种种，共计800个群落连绵成一片"珊瑚之海"，蔚为壮观。

珊瑚海畔，还有汇聚了许多热带异种的"热带鱼之海"，各种各样的热带鱼在水藻与珊瑚之间快乐地游弋，令人眼花缭乱、目不暇接。

不过，最美丽的永远都不是热带鱼之海，也不是珊瑚之海，而是黑潮之海。

黑潮之海，是一座贯穿了两层楼的巨型海水水槽。水槽中湛蓝的海水在阳光的照耀下闪烁着金色的光辉，三条庞然的鲸鲨如帝王般在水中悠然地游弋；几只体型冠绝本族的魔鬼鱼则悻悻然地躲在一边，时不时地朝身边那些"怯懦"的热带鱼瞪上一眼。

每天下午3点和5点，黑潮之海都会有喂食表演，游客能近距离地观看到鲸鲨垂直进食的场景，尤其是在"海底观察室"中，既可以全方位地观赏鲸鲨的日常生活，又可以零距离地窥探深海风光，还可以安享咖啡的醇香与冰激凌的

▲ 冲绳美丽海水族馆中的绿海龟

▲ 首里城象征着琉球王国昔日的辉煌，带有浓重的中国古代建筑风格。

甜美，一举数得。

厌倦了"鲨大个儿"之后，不妨挥一挥衣袖，满足地离开，不带走一片云彩，只带走一件T恤、几个鲸鲨或魔鬼鱼玩偶。之后再去海牛馆、海龟馆、海豚馆逛一圈，看看海豚跳高、合唱、踢球、舞蹈，自又有一番欢乐。

琉球盛世，中山世土：首里城

在冲绳，看海之余，与首里邂逅，也是一种精致。

首里城，原是古琉球王国的都城。旧时，琉球国主便在此接待使节，举办大型庆典。如今，这座位于冲绳首府那霸市的古城已被联合国教科文组织认定为世界文化遗产。

历史上的首里，早已在战火中支离；而今的首里，不过是仿照唐风复建的大型木构建筑群。

与其称之为"城"，首里其实更像是一座兼容了唐风与日本风的琉球式古堡。古堡分外廓和内廓两部分。外廓有四门，守礼门上"守礼之邦"四字高悬，铁画银钩、气势磅礴，相传是中国某位帝王御赐。

穿过穿斗飞檐、朱红金妆的守礼门，便能见到旧首里城斑驳古旧的城墙，一路向内，过欢会门、漏刻门、奉神门，径达御庭，亦即首里城正殿。

金碧辉煌的御庭，从建筑风格与造型上来说，酷似故宫太和殿。殿内正中是琉球国王的御座，御座之上高悬着康熙皇帝手书的"中山世土"匾额。四壁之上，彩绘雕栏，金狮飞龙，富丽堂皇。

作为首里曾经的王都，每年10月26日到11月4日，盛大的首里祭都会在这里隆重开幕。节日期间，招募自民间的表演者们会身着盛装，装扮成国王、王妃、使节、宫女、礼仪官等，再现中国"册封使"出使琉球时的壮丽场景。彼

Chapter 6 ● 别样日本，别样风情

>> Look | 147

▲ "万座毛"的意思是可以容纳万人坐下的空地、草原。万座毛这个大草坪位于冲绳海边的断崖之上，从那里可以眺望远处的海天景色，还可以俯瞰悬崖之下的景致，是一处非常完美的观景之地。

时，欢歌笑语不断，各种娱乐活动不穷，如果你也喜欢热闹，千万不要错过。

惊涛卷雪，峭壁上的芳菲：万座毛

热热闹闹地参加完首里祭，抱着踏青的心情到万座毛走走，目之所及，又是另一番风姿秀丽。

"毛"，是冲绳方言，意指草原。"万座毛"，指的就是能容纳一万个人安坐的大草原。

"万"之一字，总让人浮想联翩，但事实上，在冲绳这样的岛屿上，真正"天苍苍，野茫茫，风吹草低见牛羊"的辽阔本就不可能存在。万座毛也不大，相反，它很小，一个人徒步只需不到10分钟就能围着它转一圈。万座毛的大，不是草原大，而是视野大、心胸大。

万座毛草原坐落在海滨的一处断崖之上，崖壁不高，却很嶙峋，稍稍凸出的檐角远望仿似平插海天的象鼻子。站在崖上，既可远眺寥廓的海天，又能俯视崖壁之下惊涛拍岸的盛景及那丛丛簇簇的珊瑚礁和绿色植被。

《恋战冲绳》《没关系，是爱情啊》等影视剧都曾到此取景。这里虽很小，却一如桃源，是个能令人抒怀的好地方。若有闲暇，不妨牵着他（她）的手，一起去这海天梦境一隅的岬角，听听风，唱唱歌，说说悄悄话，别说，感觉真的很好！

看，海上有宫殿：波上宫

告别万座毛的惊涛与碧草，来到波上宫，一种神秘的肃穆感油然而生。

位于那霸市西北的波上宫和万座毛一样，也是悬崖上的"住客"，不过这位"住客"明显并不喜欢小清新的田园碧草风，而是个"珊瑚控"。整座波上宫

▲ 小狮子工艺品

作为东方文化中的传统瑞兽,狮子不但深受中国人喜欢,还得到冲绳当地人的喜欢。来到冲绳买几个小狮子工艺品,相信会给你带来好运。

就建在一座纤秀挺拔、色彩深邃的珊瑚礁悬崖之上。

每次涨潮,海浪拍打着崖壁,远远望去,赤瓦的波上宫凌波立于浪尖,安然弄潮,景色震撼且奇幻,"波上"之名,也由此而来。

作为琉球八大神社之一,波上宫自古香火旺盛,每年慕名而来的香客络绎不绝。

另外,护国寺、孔子庙等中式风格浓郁的建筑也与波上宫比邻而居,喜爱中国红,带着一颗拳拳佛心或儒心的朋友倒不妨去走走。

走累了,随便在街边找一家小店,品尝一下冲绳的岛豆腐、炒苦瓜和汤面,之后去美国村坐坐摩天轮,去名护菠萝园来一次菠萝大冒险。翡翠海滩、嘉手纳美军空军基地、福州园、姬百合公园……冲绳值得赞叹、值得踏足的地方实在是太多太多,所以,何必拘泥于去哪里呢?既然处处都是芳菲,处处都是风景,那么,一切随心便好!

旅行·印象
国际洋兰博览会

每年2月中上旬,在冲绳海洋博公园的热带梦幻中心,都会举办盛大的洋兰博览会。来自世界各地的数十种珍品兰花在此毕集,花香馥郁,花色缤纷,令人目眩。

Chapter 6 别样日本,别样风情

▲ 日光国立公园中春天繁花似锦，夏天草色青青。到了秋天，天高云淡，黄叶缤纷。

Nikko

东照余晖，一米日光

以前，曾以为最温馨的不过是向往，直到在东照的余晖之下回眸，才发现最温馨的是日光，一米日光，恍若艳阳。

日光是本州一座宁静的小城，位于东京西北部的枥木县境内，古韵盎然。

小城不大，却处处都透着历史的秀美、庄严的遗迹、静美的雕刻、古老的建筑、鲜活的秋景、暖暖的阳光，所有的所有，都流溢着一种温馨的味道。

漫步日光街头，木石长街上似乎总流溢着一种江户时代的情怀，社寺、古迹、湖光、山色、温泉、雕刻，源于乡土出尘不染的艺术气息悄悄凝合，也无怪日光会淡然地昭谕世界：Nikko is Japan（日光即日本）。

拥抱日光，四季皆宜，草长莺飞时，鬼怒川的温泉蒸腾着梅香；夏花烂漫时，龙王峡的飞瀑流转着苍翠；层林尽染时，汤之湖的余晖最好；冬雪皑皑时，江户村别有一番热闹。但说到底这座群山环抱中的小城，最典丽、最妖娆的还是社寺。

▲ 日本人有"不到日光不尽兴"的说法，可见日本人对日光的推崇。而日光最有名的建筑就是日光东照宫这座德川家康安息的陵墓。

木雕上的幕府剪影：东照宫

　　日光社寺是一种文化，以东照宫为首的"二社一寺"恰是这种文化的滥觞。

　　在日本，东照宫有许多座，但唯有日光的东照宫才是总本社，才是德川家的家庙，才是德川家康的安寝之地。

　　400多年前，权倾天下的德川幕府看中了倾城的日光，于是，这座偏居江户一隅的小城成了幕府的香火祭祀之地。400年烽火霜天，人间几多变幻，江户成了东京，桃源般的日光却一如往昔，见证着幕府繁华的东照宫也不曾改变旧时模样，哪怕已染了风霜。

　　作为总本社，日光东照宫的规制极大，建筑也相当宏伟，淡泊宁静中一抹玲珑的精致难掩，檐角上、木窗边、门廊下、立柱间，一个个、一件件花样繁复、精美大气、栩栩恍若鬼斧神工般的木雕作品在夕阳的余晖中袅娜着艺术的气息。奥神门的眼猫生动得不可思议，阳明门的镂花让人日暮迟归，马厩中那象征着"非礼勿视，非礼勿言，非礼勿听"的三只分别捂住眼睛、嘴巴和耳朵的小老鼠更洋溢着浓厚的君子风度。徜徉其中，文艺与怀旧的气息满满，也难怪有太多的人会辗转流连，遗忘了时间。

神桥横空，福寿双全：二荒山神社

　　日光的社寺多坐落于山林之间，环境清幽，石板小路将整片林地错落地分割又巧妙地串联，星罗棋布的各处遗迹皆在葱郁中若隐若现。东照宫畔，与其并称"二社"，同样被纳入世界文化遗产的二荒山神社俨然在目。

神社不是特别大，灰瓦红墙，殿阁错落，飞扬的檐角与横跨川上的朱红神桥交相辉映，在橘红色的日光下书写着浑然天成的美丽。

神社前庭，一高一矮两棵参天古树，高的那棵枝干轩阔、叶片浓密；矮的那棵叶片相对致密，青葱中带着几许明媚的稚气。这就是神社有名的夫妻树与亲子树。相传在树下虔心许愿，沾染了树的灵气，就能夫妻相合、亲子无间。

神社内供奉着日光三山神：大己贵命、田心姬命、味耜高彦根命，每一尊都衣袂飘扬、神采生动。虽然沾了烟火气息，却仍神威凛然，不似凡尘客。或许，神社后院那眼据说饮之能庇佑平安的汩汩灵泉就是它们从天上带下来的吧。

每年4月13日到17日，神社内还会举办盛大的弥生祭典，渴慕日本民俗文化，又贪心地想要将自然的旖旎一起收入囊中的朋友，倒不妨踏着云彩，踩着点，到这里走一遭。

日光的莲华：轮王寺

因为独一，所以无二，在"一"面前，"二"的光彩总是有些暗淡。在"一寺"之轮王寺面前，二荒山神社也好，东照宫也好，全都要将自身的光彩收敛。

无他，只因传说中，轮王是日光的开山之祖；只因心存仰慕，欲要到此修行与参拜的人实在是太多太多。

轮王寺是一座典型的日式佛寺，建筑颇具古风，主殿"三佛堂"内供奉着"佛教版的日光三山神"：大型木造镀金阿弥陀佛坐像、千手观音像和马头观音像，与二荒山的三山神遥相呼应。

三座佛像皆盘坐莲台，宝相庄严，哪怕是形状有些奇特的马头观音也别有一番凝重肃穆的味道。

三佛堂对面是宝物殿，殿内收藏了三万多件与佛本生故事、佛教、德川家族相关的物品。

宝物殿旁是逍遥园，阳光明媚的日子漫步园中，小桥流水，曲院回廊，万壑松风，绿柳红荷，倒真有一番逍遥的味道。但在日光，最能诠释野鹤闲云般的逍遥、最能代表大自然的纯美与娇媚的，却不是轮王寺，而是中禅寺湖。

火湖神秀，醉美华严

中禅寺湖是日光国立公园内的一座高山湖泊，由火山熔岩塑造，至今已经历了2万个春秋。

每一个来到日光的人总是忍不住要与这座海拔1200米的澄净小湖邂逅，邂逅之余，又无一不为它那比蓝天还要明澈的湖水惊叹。

展翅欲飞的翘角、古朴细腻的屋脊与朱红的颜色相得益彰，使轮王寺内的这座建筑显得精致又醒目

▲ 中禅寺湖湖岸曲折，全长23千米，四周低山环绕，湖水由小河补给，东经大谷河流出时形成落差96米的华严瀑布。

▲ 雪中的中禅寺湖景色更为别致，湖两岸的树木银装素裹，十分雅致。

中禅寺的湖水很蓝，蓝得晶莹，蓝得剔透，蓝得唯美，蓝得纤尘不染。

无论冬夏，湖面都非常平静，偶尔有水波潋滟，就是一种最悄然的悸动了。

大片大片的原始森林将这汪总是倒映着湛蓝月光与无瑕爱情的湖水环围在中央，岁月轮转之时，便欣然为它镀上一层又一层不断变幻的瑰丽底色。春的青葱，夏的斑斓，秋的金黄，冬的粉白，迷人的日光中，山映着水，水映着山，叶渲染着湖，湖浸润着叶，山水相得，宛若梦幻。特别是深秋的傍晚，橘红中带着金黄的日光洒在湖面上，红得绚烂的秋叶将湖水染成一片火红时，天光水色，委实美得震撼。

或许，是因为震撼得太过，中禅寺那澄澈的湖水便顺着湖底的裂缝蜿蜒而下，铸就了醉美的华严。

华严瀑布是日本三大瀑布之一，银丝白练，珠玉叮咚。春秋之时，或映着娟秀的杜鹃，或婉转着从晚霞中剥落的红叶，浓墨重彩，绝美如画。

江户的神秘民俗：江户村

沉浸在醉美的湖光中，缓步下山，不少人都乐于去"秘汤之乡"鬼怒川泡泡温泉，将一日的疲倦洗去，但更多的人却仍精力满满，兴致勃勃地想要去江户村了解一下江户时代的神秘民俗。

作为日光地标之一的江户村凝聚着日光民众对江户时代最美好的向往。

江户村内，江户时代的街景被完美再现。在这条长长的古街两侧，各式各样的店铺林立。街道上，佝偻的农户步行匆匆，大腹便便的商户眼中闪烁着精光，佩刀的武士气宇轩昂，衣着华丽的贵族顾盼神飞……虽然明

▲ 江户村是一座再现了江户时代文化的主题公园，公园内按照江户时代的样式修建了街道、房屋、关卡，令游人仿佛回到了江户时代。

知道此情此景不过是岁月的复制，却仍忍不住生出一种人流熙攘的繁华之感。

江户街外还有许多古迹、剧场、博物馆和文化中心。剧场里上映着历史剧，"神秘"的忍者炫耀般表演着各种不可思议的华丽"忍术"。惊呼之余，一不小心就会陷入一座有机关的宅邸，若不然，也会被繁复得难以想象的迷宫迷了眼。当然，若有余暇，就着日光正午的日光，舒舒服服地吃一碗味噌拉面，一边慨叹，一边观赏热热闹闹的花魁表演，也不失为一种享受。

斜斜的余晖，暖暖的东照，中禅寺畔，日光从不是怅惘，江户村中温馨的感觉别样。是啊，日光即日本，凝粹了日本文化经典的一米日光，原就恍若艳阳，令人向往。

旅行·印象
神桥

被誉为日本三大奇桥之一的"神桥"，位处"二社一寺"与日光站之间，始建于奈良时代，古韵十足。相传，相爱的人在桥上诚心许愿，便能收获美满的爱情。

>> Look |155

去日本，这么近，那么美

Hakone

箱根，暖暖温泉乡

Hi，大地狱谷旁的那个海盗，你想问什么？梦境是什么颜色？芦之湖没有告诉你吗？若梦境真的有色彩，那一定和箱根的颜色一样！

▼箱根的大涌谷山岩裸露，腾腾的蒸汽涌出地表，景象极为壮观。

1561 Look>>

很多时候，旅游其实就是一瞬间的冲动，背上背包，抬起双脚，前方也许妩媚，也许苍莽，但不管怎样，发现与探索本身就是一种额外的美好。箱根是神秘的，也是温醇的，"地狱"上的温泉乡，总是令人好奇，令人向往。

跻身日本国立公园之列的箱根，位于本州神奈川县，隶属足柄下郡，翠峰环围，风景秀丽，早在战国时代，就是日本著名的温泉疗养胜地，而今更是闻名遐迩。一年四季，慕名而来的游客络绎，这座人口不足2万的小城也因此平添了几分喧嚷与热闹。

事实上，声名煊赫的箱根委实不是个繁华的处所，街道略显狭长，街边的建筑不宏阔也不密集，精致有余，却少了几分堂皇大气。蜿蜒的步道曲折入林间，林木蓊郁的小丘上有一二木屋矗立，或白或蓝的外墙在阳光下总是绽放着另一种明媚。几丛野花俏皮地在屋角谈天说地，"大地狱""大涌谷"这样的字眼不绝于耳。

今天火山几时喷发：大涌谷

不知道多久之前，大涌谷就已经是箱根的名片。这片千年来一直都尘烟不绝的火山遗迹，终日白烟缭绕，远远望去，仿似白云出岫，绝美而清浅，但那云蒸霞蔚的盛景，却从来都与仙境无缘。

坐在缆车上，从空中俯瞰大涌谷，源源不绝的地热蒸汽在喷涌而出的瞬间就冷凝为白色的烟雾。烟雾流淌间，泉水已滚滚沸腾，一个又一个气泡鼓起又幻灭，明灭中带着一种硫黄色的阴郁，就恍如阿鼻地狱中终年炉火不熄的大熔炉。透过炉火与沸腾的泉，似乎仍能看到当年火山喷发时烟柱冲天、熔岩飞溅的场景，也难怪箱根人会以"大地狱"来称呼它。

不过，大地狱之名终究太过狠戾，

Chapter 6 别样日本，别样风情

>> **Look** |157

▲ 箱根登山铁路是箱根非常著名的观光路线，这段路线风景优美，夹道开满了绣球花，因此也被称为"绣球花铁路"。

以至巡幸至此的明治天皇在皱眉之余忍不住给它换了名字——大涌谷。

不同于箱根其他地方的绿意盎然，狞恶的大涌谷在神秘中带着几许荒凉。谷口附近，或灰白或褐黑的山岩全部裸露，不生寸草。岩缝间不时有黄白相间的雾气蒸腾，黄是淡淡的、昏昏然的，白却是大片大片的。当黄彻底被白掩盖，地表龟裂的缝隙中，就会放烟花一般喷涌出一股又一股硫黄烟气，刺鼻的味道瞬间浓郁，整片大地似乎都被牵扯得微微颤动起来。静静地站在那里，感受着脚下的震动，心中难免惶惑，不由

得惊问：今天火山几时喷发？待回过神来，看着温泉中翻滚的一个又一个黑鸡蛋，便有些哑然。

火山几时喷发，真的无人知晓，与其如此自己吓自己，倒不如去山巅美美地享受一顿"黑玉子"大餐。黑玉子，这名字乍一听还挺唬人的，其实就是用温泉煮过的黑鸡蛋。

大涌谷附近有一座黑玉子馆，馆门口矗立着一个足够把我们全都衬托成小不点儿的巨型黑玉子。一边吃着小鸡蛋，一边张牙舞爪地和大鸡蛋来张合影，倒的确是能够和小伙伴们炫耀一

158 | Look >>

下。合影之后，就可以沿着通往桃源台方向的步道下山了。

为啥是这条路？因为路上有芦之湖啊！

富士山已到手，可以撤出芦之湖了！

和大涌谷一样，外轮山上镶嵌着红花绿草的芦之湖也是箱根的地标之一。

芦之湖是火山湖，湖岸蜿蜒，长达20千米，湖畔绿树成荫，遍植青松翠杉，景色宜人。

天气晴好时，澄澈如淡青色宝石般的湖水中能清晰地映出富士山的倒影，蓝天雪峰，绿树娇花，东海天边，玉扇倒悬，美不胜收。细雨霏霏时，从湖北的桃源台小镇搭乘观光船一路漫溯而来，也别有一番趣味。

芦之湖上的观光船，清一色的全都是"海盗船"，虽然都是17世纪时海贼所崇尚的造船风格，但船与船之间却也千差万别。斑斓的色彩、奇诡的画风，映着阳光下船头上醒目的海盗徽记，倒真有些七武海海盗大聚会的感觉。

起风的时候，湖面千波漫卷，船身微微摇晃，被搅扰的水波不安分地拍打着船舷。站在船头，看着高扬的风帆，看着水流在船下分流，迎风伫立，倒真有一种劈波斩浪、勇往直前、征服大海的豪情。

不过，芦之湖风狂雨骤的日子其实并不多，大部分时间，它的脾气还是

▲ 芦之湖是一个垂钓的好去处，湖中主要的垂钓鱼类有虹鳟、黑鲈等。芦之湖上的渡轮因外形模仿海盗船而闻名。

好的。所以，很多时候，泛舟湖上的人们全没有什么冲天的豪情，或是饮酒对诗，或是言笑晏晏，又或者直接效仿姜太公，悠然于湖上垂钓，只是，鱼钩是弯的。芦之湖富含多种微量元素，盛产鳟鱼和黑鲈鱼，若真钓上两条，遑论大小，都是一件挺有成就感的事情。

钓鱼钓累了，不妨去湖东转转。

芦之湖东岸有一条长长的林荫步道，道旁栽种了420棵柳杉树。盛夏时节，碧玉妆成万树高，明媚的翠色本就是一种清凉；冬日里，凛凛寒风将这天然的雪柳摇曳，略显清冷的阳光漫洒，却别有一番温暖的味道。

步道旁侧，一座颇有些古色古香的木屋矗立着风霜，这是箱根关所，江户时代，幕府的卡哨所在地。

关所内陈列着一千余件文物，有古朴的日本武士长刀，有专供捕快使用的短枪，有栩栩如生的关所人员塑像，还有彼时的日本平民身份证，文艺范儿十足的小伙伴们可以去看看。

Chapter 6 ● 别样日本，别样风情

>> Look | 159

去日本，这么近，那么美

箱根十七汤，小涌总多情

告别芦之湖，下一站，毋庸置疑，一定是小涌谷。

小涌谷，也称"小地狱"，是箱根温泉旅馆最集中的地方。箱根，本就是火山运动的遗泽之地，远古时代，火山岩浆与缤纷的落雨结合，温泉始成。

箱根的温泉很多，水量大，水温高，水质好。它们不仅是单纯泉，还富含多种矿物质，最著名的便是"十七汤"，而在"箱根十七汤"中，又以小涌谷温泉为最。

在小涌谷泡温泉，无外有两种方式，一种是室内浴，一种是露天浴。

在日本，大多数人还是喜欢露天浴，在碧色的穹庐之下，整个人都埋进雾气蒸腾的浴池中，舒暖之际，近可看山花碧草，远可观富士雪峰，蓝与白在泾渭中总能显出几分优雅从容。不时从半山滑过的缆车，便若沧海一粟般渺小，缆车中的人在空中看着你我，你我在泉水中仰望着他，孤单中映着繁华，背景却是全世界。

浴后，穿着宽大的和服，在滑腻温暖的感觉尚未从血液中消逝之前，坐在洁净的榻榻米前，品一杯滚烫的清酒，吃一顿地道的怀石料理，自是一种享受。

灵不灵要看心情：箱根神社

日本是一个能够冠以美食之邦的国

▲ 箱根神社建于芦之湖湖畔，隐于湖光山色之间，有种远离尘世的姿态。

Look >>

度，箱根的名点也的确令人垂涎。荞麦面、豆腐料理、鱼糕、黑玉子、油炸公鱼等应有尽有。

能吃本就是一种幸福，大快朵颐之后，为了舌尖上未散的淋漓美味，去神社感谢一下"神之恩赐"倒也无妨。

说实话，箱根神社并不大，远远望去，更像是一座乡间祠堂。

神社的前庭矗立着几尊高低不同、形态各异的石灰岩雕像。

顺着古杉苍苍的表参道一路缓行，在与著名的姬沙罗纯林邂逅之后，便能抵达正殿。作为整个关东的总镇守，箱根神社的香火还是十分旺盛的，正殿内除了蒲团、香烛、威严的神明坐像，也的确有一股历史的烟尘气扑面。

正殿对面是宝物殿，殿内展出的万卷上人坐像、曾我兄弟用过的赤木柄短刀等，想来能让"历史控"们小激动一把。

雕刻之森向左，玻璃之森向右，小王子在中间

箱根不大，却是座历史厚重、艺术流香的小城，除了箱根神社，能够让你我驻足的地方还有很多很多。

小王子博物馆是《小王子》迷们不容错过的"圣地"，圣艾修佩里记忆中的建筑与街景，"点灯夫广场""地理学者通"等板块，让行走其中的人恍惚间仿佛走入了故事中的南普罗旺斯，流连惊艳。

1969年开馆的雕刻之森，距离小王子博物馆并不远，它是日本第一家户外美术馆。在7万平方米的茵茵绿地上，展出了罗丹、摩尔、布德尔等近现代雕刻大师一百二十多件艺术作品。呼吸着清新的空气，伴着微风与黄叶，徜徉在各式各样的雕刻间，委实是一种享受。

和雕刻之森相映成趣的是玻璃之森。神奈川县玻璃之森美术馆就坐落于箱根的山间，远远望去，整座美术馆就像是一座中世纪欧洲的贵族城堡。

美术馆面积宽广，树木丛生，飞瀑流泉，陈列室中展出了自15世纪至今各个时代的威尼斯玻璃艺术展品逾百件。尤其是高8米，由4500万颗晶莹剔透的玻璃镶嵌而成的礼花树温泉，晶亮的枝条在阳光下绽放着七彩的幸福，流光溢彩，如梦如幻。

爱上一个地方，从来都不需要理由。驻足箱根，为的是什么？火山、温泉、富士山、神社？或许是，或许不是，一千个人总有一千种答案，但无论如何，若梦境真的有色彩，那一定与箱根的颜色一样，这却是毋庸置疑的。

旅行·印象
温泉旅馆知多少

箱根是著名的温泉乡，"小涌谷十七汤"闻名遐迩。温泉畔，也有不少温泉旅馆，其中有以桧木风情与石造温泉池闻名的宿夕雾庄，有矗立在溪谷间的游乐寿林自由馆，还有与箱根山色相映的白汤之宿山田家等。

去日本，这么近，那么美

▲ 落雪飘飞的季节，披上银装的长野素净淡然，神奇地为人们展现出一个幻境般的冬日桃源。

Nagano

长野，地狱谷的冬日恋歌

冬是雪的脊梁，雪是冬的绚烂，日本阿尔卑斯的群峰连绵着驹岳的清峻，轻井泽的悠然则绚烂着白丝瀑布的水光；地狱谷中，温泉水滑，袅袅的雾气蒸腾着松本城的繁华；白马村不大，但谏访湖中倒映的月光却氤氲着另一曲缠绵……

曾经以为长野的盛名煊赫不过是托庇于冬奥会的荣光，待走近时，却发现长野原就绝美如画。

长野，位处日本本州岛中部，为日本八大内陆县之一，农牧业发达；以日本阿尔卑斯群峰为承托，以中央高地为脊梁，赫赫扬扬，千百年来，于无声中便雕琢出了一片纯然的冰雪胜境。

古时，长野称"信浓"，以蚕丝、黄酱、面条闻名，是本州交通枢纽，沟通东西，辉煌满眼。及至现代，虽然县名已更改为"长野"，但本地居民仍以"信浓人"自居，长野一县，也被划分为南信与北信两部分。

长野县内多山地高原，气候较本州多数县市要严寒，因身处内陆，海对长野而言便是一份可望而不可即的向往。然而，即便无法以海之磅礴为依托，长野县内那星罗棋布、如百川归海般汇入中央盆地的湖泊也若一颗又一颗璀璨的星辰，将长野装点得仙姿盛大，尤其是位处长野中心的诹访湖，更是万千"星辰"中最闪亮的那一颗。

虹鳟鱼跃，御神凭虚：诹访湖

诹访湖是长野县第一大湖，位处长野县诹访市诹访郡下町与冈谷市交界处，湖面海拔759米，周长16.2千米，面积13.3平方千米，为典型的构造型断层湖，是日本著名动画电影《你的名字》的取景地。

诹访湖四时皆妩媚，一日常妖娆。微微有些深邃的湛蓝湖面，晨曦之中，总带着一抹迷人的金红；落日熔金之时，又不知不觉间便将星光揉进了湖水中。日落未落、新月初升之际，则是诹访湖一日之中最美的时候，橙红的余晖、清浅的银华、婀娜的星芒、点点的翠色在造化的妙笔之下，于湛蓝的调色盘中调和出了一种难言的神秀与瑰丽。

长野是日本的农业与渔业大县，渔业资源十分丰富，虹鳟鱼的产量冠绝日本，而作为长野第一大湖的诹访，自然也是无可争议的虹鳟故乡。

▲ 长野松本城 　　▲ 长野夜晚山坡上的红枫树 　　▲ 诹访湖湛蓝的湖水和岸边的红枫

春花烂漫之时，垂钓爱好者们总喜欢在樱声柳影中坐在湖畔静静地垂钓；到了冬日，垂钓者们则瞬间转变风格，变得"彪悍"起来，直接挽袖子砸冰，在冰窟窿中垂钓，并乐此不疲。

除了垂钓，冬日之时，当诹访的湛蓝在风中凝固成一片无瑕的碧玉，许许多多的冰上运动爱好者也渐次云集。或是穿着冰鞋追逐嬉闹，或是站在冰面上化身冬日的思考者，或是三五成群地打冰球。热情洋溢且艺高胆大的少年们，甚至还会在冰面上热热闹闹地来一场篮球赛。

不过，虽说寒冬料峭，但因为受地热的影响，诹访湖东南水域一般是不结冰的，且地底的温泉间歇性地喷涌，还在诹访形成了世界上首屈一指的间歇泉奇观。每隔60分钟，诹访湖的间歇泉就会喷发一次，高45米的水柱在阳光与灯光的映射下，星星点点，流光溢彩，唯美异常。

另外，若当地连续10天的气温都低于-10℃，诹访湖湖面会出现异常的膨胀与收缩现象，整个冰面伴随着一声如雷的轰鸣，会瞬间龟裂，继而向上隆起，隆起的冰面如峭拔的冰封，高一米有余，恍似神灵凭虚，御冰而渡，是以又名"御神渡"，乃诹访第一异景。

看过湖光，自应去观山色，但在邂逅日本阿尔卑斯之前，若有余暇，倒不妨到湖畔的诹访大社中逛逛。

诹访大社是日本最古老的神社之一，无京都神社的堂皇，却透着一股苍莽的古韵。每隔6年，神社都会举办被誉为"日本三大奇祭"之一的御柱祭。祭典繁复多彩，古韵浓厚，尤其是男性抱柱自山坡之上速滑而下的"木落"仪式格外精彩。当然，6年一次的祭典，要赶上实在是不太容易，不过，看不到祭典，去诹访大社看看那传说中的"御柱"也不错。

冰雪俏连城：日本阿尔卑斯

长野是日本旅游大县，无论是登山、滑雪，还是赏景、泡温泉，都能在长野找到最适当的地方，而于山岳旅行爱好者而言，日本阿尔卑斯便是圣地。

日本阿尔卑斯，是日本飞驒、木曾、赤石三大山脉的总称，被誉为"日本屋脊"，层峦轻叠，雪峰连绵，俏丽中带着一丝浑然天成的雄浑。

飞驒山脉是阿尔卑斯三大山脉中最婉约秀美的，山上植物广布，尤其是那郁郁苍苍的丝柏林和杉树林，为日本遐迩闻名的三大美林之一。相比于飞驒，赤石山脉失于灵秀，却胜在磅礴炽烈。赤石山脉，以赤为名，山上层岩也的确多为赤色，或深或浅，浓淡不一，相互交杂，却格外和谐。另外，赤石之山，红石松影，峰峦奇秀，岩洞深幽，流泉古寺，风景委实别样。

木曾，是三山之中最多彩最多情的，除了少许余脉，整个木曾山脉皆在长野。山间那片桧木林翠色深深，为日本美林之最。木曾山适于露营，更适于

▲ 在长野地狱谷享受温泉乐趣的雪猴

攀爬。春花烂漫的时候，山腰的姹紫嫣红将山巅的皑皑秀色映衬；夏木葱茏的时候，一望无垠的碧绿渲染着山间潺潺的清泉；秋高气爽的时候，沧桑的红叶映着山麓的妖娆；冬雪翩跹之时，冰雪之间的腾跃带给你我的则是另一番刺激与精彩。

登山累了，滑雪倦了，大汗淋漓之时，有些惶然？有些失措？完全没必要！长野的山间，别的不多，温泉却不少，酣畅地运动之后，美美地泡泡温泉，才是人生最美好的享受。

冬日可独芳：地狱谷

地狱谷，名字有些可怖，却是长野温泉之中最纯净、最唯美的一个。

长野多山，山林之间碧水环绕，芳草萋萋，松华之间，自有名泉。地狱谷，在长野的温泉体系中不算是最大的，却是最有名的。

地狱谷闻名遐迩，依托于其得天独厚的自然风光。午后，沐浴着阳光，静静地躺在地狱谷温暖的水泉之中，欣赏满山秀色之余，任暖流涌便全身，其中陶然，自令人向往。当然了，日本本就是温泉的国度，全国各地温泉遍布，别的不说，大分县的"别府八汤"就是温泉中的一绝。说句实话，地狱谷的温泉虽好，但较之真正的温泉胜地却还要稍逊一些，不过，很多人来地狱谷，其实也不是单纯为了泡温泉，而是来猎奇观景的。

长野的山林间栖息着不少野生的雪

>> Look |165

猴,猴子属灵长类,多有灵性,善于模仿,这不,在"偷窥"了无数泡温泉的人类之后,它们也成群结队地来地狱谷享受烂漫的温泉时光了。

在地狱谷,和因为泡温泉而小脸红扑扑的雪猴合影几乎成了一种时尚,每一个邂逅地狱谷的游客,总忍不住要到专为雪猴开辟的野猿公苑去欣赏一下猴声猴色。对此,雪猴们早已司空见惯。是以,哪怕周围游人如织,它们依旧旁若无人地健步而行、逗水嬉戏,兴致来了,还会摆出各种各样滑稽而"奇葩"的造型,令游人忍俊不禁。特别是一些小猴子,调皮得很,许多游人都曾被它们"整蛊"。甚至有的时候,当你想要将它定格在相框中的时候,它会一脸狡黠、带着坏笑,将你的手机夺走,然后,得意扬扬地自拍,那表情、那模样,配上它那沙黄色的皮毛,简直美得冒泡。

白丝烂漫云裳舞:轻井泽

作别地狱谷,轻轻地与谷中的雪猴说一声再见,转身之时,留下的是绮丽,脚步轻移,前方等待我们的则是现

代与时尚。

　　轻井泽町，位处长野县东南，四面环山，海拔逾一千米，四季分明，气候宜人，是日本有名的避暑度假胜地，也是长野购物、观光、休闲的首选之地。

　　町内现代气息浓郁，繁华清丽，各种餐厅、咖啡馆、精品屋、商场、土特产店、流行商品专卖店、Pub、俱乐部等错落林立。野营地、滑冰场、网球场、高尔夫球场等也应有尽有。

　　在轻井泽，无论你是购物狂、"山水控"，还是文艺范儿，都能找到属于自己的桃源。

▲轻井泽的林木间有一排细小的瀑布，远看像数百条银白色的丝带垂落，奇美无比，故称"白丝瀑布"。

　　如果你热爱山水，不妨租上一辆山地自行车，骑车进山，一路向北，在享受暖暖森林浴的同时，去邂逅白丝的绝世荣光。

　　白丝瀑布是日本名瀑，位处轻井泽北部，浅间山下。潺潺的浅间溪流在峭壁重岩之间逶迤，于转角处突然飞流而下，丝丝缕缕，仿若数百条银白的丝带并排将阳光垂落，清幽淑丽，美妙壮观。

▲ 善光寺内的大殿

云场池距离白丝瀑布不是特别远，也是轻井泽有名的观光地，若有兴趣，去逛逛也不错。

云场池，是一片狭长的水域，因为曾有天鹅栖居，又名"天鹅湖"。湖水澄碧，诗意盎然中透着一股天然的饱满。池畔挺拔的白桦树用淡色的斑驳书写着湖中五彩的绚烂。一尾尾游鱼悠然地在水草之间漫溯，恍惚之间，纯然入画。

善光巡礼，极乐清歌：善光寺

沉湎于轻井泽的柔情之余，若将善光的清歌错过，却也是遗憾。

Chapter 6 ● 别样日本，别样风情

像。然而，虽然寺内尊奉阿弥如来，但善光却不是佛寺，善光之佛也属"秘佛"，每七年才公开展示一次。平日里，若要沐浴佛光，游人或信徒则可沿着佛像下琉璃戒坛畔的回廊走上一遭，如是，既能体会僧侣受戒时的感受，也能间接地沾沾佛气。相传，若是在巡礼途中，头顶碰到了佛像正下方的极乐锁，身故之后便能荣登极乐。且不论传说真假如何，但碰到极乐锁，总是个好兆头，只不过，从概率学的角度来说，高个子的人碰到极乐锁的概率明显要比矮个子的人高一些，所以，身材高挑的人可躲起来偷着乐一乐。

乐够了，便果断地转身，趁着福气满满，赶紧去邂逅长野众芳。譬如高原之上的白马村，神秘中带着几分恐怖的河童桥，煌煌大气的天龙峡，婉约古朴的妻笼，等等。

轻井花开，诹访湖边悠然着日本阿尔卑斯的初夏；地狱谷中，蔷薇袅娜，雪猴独舞着冬日的恋歌。张爱玲说，一转身一辈子，有的地方，一旦错过，便是遗憾，譬如，长野。

始建于公元7世纪的善光寺，是日本著名的古刹之一，一千四百余载的岁月，带给善光的不仅仅是盛名，还有沧桑的历史和厚重的底蕴。

善光寺不是很大，山门深幽，廊柱连环，寺院本堂为著名的三重木造建筑，屋顶为丝柏树皮葺造，古朴深秀。寺内，碧松迎客，蔷薇浴日，九曲回廊之间，草色青青，风柔日暖。主殿之内，供奉着一尊源于百济的阿弥如来造

旅行·印象
开帐祭

长野佛教大寺善光，每隔七年会举行一次开帐祭，祭典时间多在当年的4月到5月之间，彼时，游客便能亲睹善光大佛的荣光。

和歌山面向太平洋，西邻濑户内海，被大海和青山包围着，空气清新，气候温和，海岸线曲折漫长。

和歌山，兰岛上的和式风情
Wakayama

春 花将早莺的轻啼烂漫，夏荷渲染了那绝美的绿琉璃，兰岛的秋色将和歌山城的银装点亮，轮转的四季则炫耀了太多的妩媚与柔情。纪川蜿蜒着丰臣的步履，白滨辗转着玛丽娜的秋思，和歌山不大，却真的绝美如画。

位于纪伊半岛西南的和歌山，从来都是一个传奇的地方。

和歌山不大，占地面积仅4726平方千米，但蜿蜿蜒蜒、长达650千米的里亚式海岸却赋予了它一种别样的澄澈与妖娆。一百三十余座岛屿星罗棋布于碧蓝的海湾之中，断崖奇石，鳞次栉比，一片苍然中氤氲着一种浑然天成的毓秀。

冬雨青梅，白滨千叠，原是一个临海小渔村的和歌山，物产却额外丰饶。青梅、柿子、八朔柑的产量位居全国之首，林业与渔业也相当发达，根来漆器、纪州偶人、那智黑砚、纪州御殿彩线球等更堪称日本一绝。

因沿海地壳运动剧烈，和歌山县的地形颇为复杂，平原极少，山野面积极为广裒，熊野山、纪伊山地、高野山等山脉连绵起伏，山连水尾，水映晴岚，自又是一番风致。

绿海多传奇，和歌夜未央：和歌山城

和歌山城，是和歌山的地标，也是和歌山的崛起之觞。

1585年，丰臣秀吉率军踏破纪伊山地，在伏虎山上建起了一座连立式平山城，从此，名不见经传的和歌山在史册上也留下了浓重的一笔。

数百年岁月流岚，时光变迁，相较于松本城与姬路城，和歌山城沉默依旧，但漫步其间，踏着繁华，逐着流水，我们所闻所见的，却是一个最真实、最原汁原味的日本。

纪川潺潺，映着点点碎金，在一片苍茫的绿海之间将山城的秀美点缀，黑瓦白墙、珍藏了不少历史史料的天守阁，虽不巍峨，却带着一抹不泯的威严。站在阁顶的观景台上，放眼望去，纪川如玉带蜿蜒，以灯火述说着和歌山市的柔美清隽，一片火色中的红叶溪庭院更风雅别具。

红叶溪庭院是山城最亮眼的一道风景，庭院深深，精致若鬼斧雕琢。小桥流水，曲水流觞，隐隐约约间竟有一种江南烟雨迷蒙的文秀之美。深秋或者初冬时节，丛丛簇簇的枫叶若红玉般氤氲着艳阳，与碧水山花相映，却平生了几许斑斓之感。尤其是夜色初临之时，叶色剪裁着夜色，迷离幻美，宛若仙阙。

碧海潮生处，海滨多风情：和歌海岸

和歌山以山为魂，以水为魄，绿海艳阳衬托下的山城虽美，却比不上碧海潮生处的绮秀旖旎。

和歌山县海岸线绵长，海滨处处，每一处都独具风情。

那智胜浦渔港水清沙白，碧蓝的海水在夜色下常交织着群星的斑斓，三五成群的鲔鱼更是灯火中最璀璨的一道风景。

和歌浦海滩并不大，数百年来都静静地迤逦着碧海的妩媚，柔白的沙微微有些粗粝，嶙峋峻拔的断崖上，曲径通幽，绕过卷着风语的海蚀岬角，另一番明丽瞬间盈满眼帘。墨蓝中带着几许青翠的海水澎湃着阳光，各种造型奇特的礁石错落其中，和着不远处和歌浦港悠扬的船号，不知不觉间竟糅出了一抹天然的意趣。沙滩上一朵朵太阳伞就如一朵朵太阳花，掩映着那阶梯状分布的古朴民居，恍惚间，更觉温暖扑面。

近海的岛屿算不上特别多，但或清雅、或妩媚、或朴素、或热烈，风姿却是别样。这其中最别具一格的自然要数玛丽娜城。

玛丽娜城，又名"欧洲之城"，虽名为"城"，实际上却是一座填海造陆而成的漂浮式人工岛。

玛丽娜城不大，处处洋溢着欧洲的

>> Look | 171

去日本，这么近，那么美

海港风情，英国、法国、西班牙、意大利、德国等诸多欧洲国家的特色风情建筑与海港景观在这里得到了最淋漓、最完美的再现。徜徉其间，就恍若一步迈进了中世纪的欧洲。哪怕明知道时空并未在此交错，无论你我，却都宁愿在这一派优雅的欧式风光中沉醉。

飞珠溅玉时，纵横有阡陌：兰岛梯田&那智瀑布

金枪鱼的美味仍在舌尖之上萦绕，双脚却不由自主地迈出玛丽娜城，与另一番山水妩媚邂逅。

兰岛，名为岛，却非岛，而是一片河岸台地。有田河是温柔的，但千年过隙，它的温柔不知不觉间却也造就了一片开阔的台地。台地呈扇形，有54块梯田纵横其上。1999年，这片梯田名列日本梯田百选榜单，从此，盛名煊赫。兰岛的梯田，形状多不规则，54块梯田，大大小小，状似杂乱，却又浑然一体。不同于其他季节性极强的景点，兰岛的四季都美好如诗。春光明媚时，连绵起伏的青色稻浪就仿佛一片片绿云，与田间烂漫的野花相映成趣；夏木葱茏时，阡陌之上蝉声悠扬，浓浓的翠色瞬间便向四周铺展；秋高气爽时，满目的金黄璀璨成了丰收的灯火，沉甸甸的谷穗则辗转着不一样的饱满秀色；初雪缤纷时，稻亦有道，一袭白裙，娇颜半掩，便散落了所有的婀娜。

人常说，赏梯田，赏的是一片辽远的心境，是远望迤逦的秀色，而山水之间，远近之余，最怡然的却还是水光、山色。

那智山嵯峨的山巅之中流溢的是天空的晴蓝，熊野古道畔平安时代的气息婉转，那智山上、熊野古道间的那智瀑布，则将一峰的灵秀铺陈。

那智瀑布，为日本瀑布百选之一，有"日本第一瀑"之称。49帘瀑布错落相映，仰观宛若银虹横空，俯瞰恍如天河下泻，瑰丽之中沉淀着一种原始的清婉。

瀑布林立于群山峭壁之间，为翠峰绿宇环绕，宽约13米，落差133米，气势恢宏，瀑下潭水幽深，潭畔杂花生树，植物千姿百态。夕阳垂落时，金红的云霞倒映着激滟的水波，委实壮观。

闲时邂逅那智瀑布，

▼和歌山兰岛的梯田，是日本最负盛名的梯田景观之一。

1721 Look >>

▲ 和歌山县的那智瀑布落差133米，号称"日本第一瀑布"。从青岸渡寺的三重塔可以观望到这个大瀑布的全貌。

▲ 具有传统风格的街道小巷，透出浓浓的和式风情。

既可安享阳光流水的惬意，又可沿着蜿蜒的古道，登临那智大社，于缭绕的香火中感受那肃穆中的沧桑，其情其景，令人动容不已。

亲爱的，我在圆月岛等你：白滨

水光如雾气，水色如诗，告别那智，依依之间再回首，白滨便已近在眼前。

白滨是和歌山县的一道霓虹，美在出尘，美在纯粹，尤其是被誉为"日本三大名泉"之一的白滨温泉，更带着原汁原味的和式风情。

关西地区温泉资源实在缺乏，所以，白滨温泉之于关西，原便是一种惊喜。

而对钟爱泡温泉的你我而言，白滨温泉群那一百二十余口纯净的泉眼及风格各异的各种温泉旅馆，则又是一重惊喜。

春暖花开的季节，沐浴着海之芬芳，与心爱的人一起在露天温泉池之中遥望远天点点的星辉及近岸隐约的渔火，更是一种绝佳的享受。

沐浴之后，挽着他（她）的手，一起徐行到海滩，静静地聆听海浪与风的絮语，专注地听船上的老阿公讲那过去的故事。感动之余，遥望千叠敷，将此

去日本，这么近，那么美

▲ 圆月岛是白滨的象征，它就像是漂浮在海上的一叶小舟。此岛因受到海浪长年侵蚀，岛的中央出现一个圆形透空的海蚀洞而得名。

时此刻的美好都化作沙鸥留下，则又是一番浪漫。

千叠敷，是从濑户崎前段伸入太平洋的一片斜坡状的岩石，因其层层叠叠，仿佛千张叠簇的榻榻米而闻名。

细浪卷着波涛用千年的时间磨平了海岩的棱角，唯余一派天成的壮美与巍峨。

它是海与陆的乐章，是水与土的赞歌，虽不峻拔，却很隽秀，和着圆月岛的月光，在惊艳的瞬间，便已将白滨的风华成就。

圆月岛，是白滨的地标，更是白滨的地域名片。

岛屿不大，或者说很小，岛上巉岩孑立、枯藤搅着昏黄，满目的褐色更低语着苍凉。然而，岛屿的造型却很奇特，岛中央有一座洞穴，盈盈仿若天上圆月。当夕阳沉落、月兔初升之时，融融银辉伴着彩霞，在碧海之上投下圆月的清影，纤然巧之。

和歌山很大，也很小，即便白滨的明月光不在，山城的红叶溪庭流岚、崎之汤的古朴柔和、三段壁的惊心动魄、纪三井寺的二月早樱、北山川的激流木筏仍能带你领略另一种悠然、另一种风致。

其实，邂逅和歌山，与他（她）携手于这场流动的和式盛宴，原便是一种美，不是吗？

旅行·印象
那智火把节

那智火把节，又名"扇祭"。每年7月14日，人们都会抬着长12米的扇状神舆从那智大社出发，往那智瀑布"归省"，并在瀑布之下欢歌载舞，以迎接象征"熊野权现"的十二神体回归。祭典当日，点点火把，棋布仿若天上繁星，映着朝阳，唯美异常。

Furano

东方的普罗旺斯，富良野

Chapter 6 别样日本，别样风情

空知川激艳的水波中糅进了时光的碎片，富田农场永远都眺望着深情的欢寒，highland的文艺氤氲着芝士工厂的奶香，森之时计的灯光辉映着北国的野趣。当夕阳斜照，浪漫已经凝固在脚下，每走一步自都是另一种风情万种、另一种绝世倾城。

俄罗斯浪漫主义文学家普里什文说："在人类的心灵里包含着整个大自然。"旅行是为了什么呢？

无外是亲近自然，无外是追求美好，无外是邂逅一份粉红色的浪漫，而富良野，恰恰正是世界上最浪漫的那个地方。

走进富良野，泛一叶扁舟，在落日的余晖中静静地徜徉在空知川上，一座座精致而古朴的石桥便仿佛梦中的长虹，绚烂出了一片粉红。上富良野繁华如诗，灯红酒绿中带着一丝淡淡的泥土芬芳；中富良野咖啡的醇香轻轻飘荡，文艺的气息扑面

薰衣草盛开的季节，北海道到处都是淡淡的紫色，高贵神秘，耐人寻味。

▲ 大片大片的紫色薰衣草铺在山坡上，如一张紫色的地毯，柔和的阳光洋洋洒洒地落在上面，映得深邃的紫色更为透亮。在轻风的抚摸下，无边无际的薰衣草田如深紫色的波浪层叠起伏，美得令人窒息。

而来，无须刻意去邂逅，你也能瞬间读懂那一片紫色的迷离。

　　素有"东方普罗旺斯"之誉的富良野，一直以来都是北海道最旖旎的明信片，绝美如童话的风情，更不知令多少游人缱绻不愿归去。午后，阳光温暖的时候，牵着他（她）的手，一起静静地漫步在撒满厚厚落叶的林荫道上，不需要山盟海誓，不需要蜜语甜言，他（她）也会明白你的脉脉含情。相视一笑间，停下脚步，小镇清冷的长椅便是浪漫的最好见证。

　　和其他北方小城一样，富良野也有着四季分明的气候和惊艳舌尖的物产，辽阔的冲积平原上，紫色泛滥似乎原就理所当然。花田之下，浓浓的奶香和淡淡的葡萄酒香，则是这片山光水色最美的注脚。

　　当然，邂逅富良野，最不可错过的还是那被盛赞为"北海道夏季名片"的薰衣草花田，而要赏薰衣草，富田农场无疑是最佳的选择。

仲夏花之梦：富田农场

　　6月芳菲，蝉声阵阵，粉白的晚樱尚未将春之妍丽凋零，大片大片的薰衣草便已经在北国的土地上用一片绚烂的紫将盛夏装点；那紫色中最灿烂的富田，更美得纤然无瑕。

富田农场，位处北海道空知郡中富良野町，连绵的丘陵将它的明丽起伏，丛丛簇簇的薰衣草更在冰雪雕琢的北海道大地上用彩笔绘出了一派世外桃源。农场不大，却是整个日本美得让人心醉的地方。每年6月到8月，薰衣草盛放的日子，农场瞬间化作了一片彩色的海洋，花浪起伏，或绚烂、或素雅、或清新、或妖娆，纵横阡陌，深浅交错，就仿佛一波又一波卷着紫雪的浪涛，不断冲击着人的心田。

漫步在农场淡香萦怀的花田小径上，仰首可见蓝得澄澈的天、变幻莫测的云，俯首可见连绵的花海、绿色的丘陵，斑斓的色彩中夹着乡间悠扬的琴声，委实令人无限向往。

累了，倦了，索性躺进花田中，伴着薰衣草的甜香悠然如梦。醒了，便掬一捧阳光，在以紫色为主，间或夹杂着浅绿色、深红色、玫红色、鹅黄色、纯白色的七彩薰衣草缎带上重新织一番山河锦绣。斑驳的光影里，横斜的是浪漫，动静之间一种相宜之美淋漓尽显。

除了薰衣草，葱茏盛夏时农场之中仍有许多不同种类、不同颜色的花卉争相盛放。骑着自行车，载着心爱的人，安享"花花世界"吧。

赏花之余，农场中还增设了许多乡村特色体验活动。譬如，仲夏之夜，在薰衣草花海中与心爱的人一起仰望星空；譬如，坐上色彩斑斓的热气球以俯瞰的视野领略富良野的梦幻之美；譬如，在明月照松间之时，与一二好友一起临渊垂钓；又譬如借住农家，在炊烟之中与他（她）一起洗手做羹汤，骑着骏马，载他（她）驰骋于丘陵原野之上，将那地老天荒的誓言暗许……爱有千般，情有万种，行走在花间，漫步于农场，对你我来说，亲眼所见的一切，心之所悦的所有，才是最真实、最美好、最迷人的，不拘是薰衣草，还是其他，不是吗？

醇厚的奶香，甜甜的你：富良野芝士工厂

如果说紫色的富良野是浪漫的，那么，奶白色的富良野就是清甜的。

或许，当你行色匆匆地踏上北国大地之时，仲夏之梦已悄然落幕，幻魅之紫已凋零在深秋的凉风之中，余下的唯有金黄色的萧瑟。但，那又有什么关系呢？

富良野是多彩的，哪怕缺失了那最绚烂的紫，依旧斑斓如梦，而梦之海角，最宜人的无外是芝士工厂。

芝士蛋糕，或者说奶酪蛋糕，乃是富良野的特产之一，北地特有的气候造就了它醇厚与浓郁的香甜，也造就了它不同一般的气质。

乘坐巴士一路迤逦，遥遥望去，入眼的唯一片苍翠之中那耀目的白。芝士工厂很小，但造型很奇特，就仿佛一块三角形的芝士。走进工厂，浓郁的奶香瞬间扑鼻。那摆在餐桌上，供游客品尝

▲ 富良野芝士工厂中用芝士制成的艺术品

的各种各样、造型精巧的芝士则在下一刻占满了我们的眼帘。

最棒的是，这些都是免费的！这对"芝士控"们来说，绝对是一个令人惊喜的消息。

美美地品尝过师傅们精心制作的芝士之后，若有闲暇，倒不如去观摩一下芝士的制作过程，还可以去工厂内的DIY芝士工坊，自己DIY一下。遑论结果如何，毕竟，最美的永远都是过程。

品尝完芝士，接下来倒不妨摆驾富良野葡萄酒工厂，参观一下那颇有历史气息的葡萄酒窖，再免费品尝一下窖中的各种美酒。酒香、花香、奶香混杂交织，不用离开，便已十分怀念。

冰雪奇谈，欢乐无限：欢寒村

身处北国，冰雪原便是题中之义，哪怕富良野浪漫且温暖的紫，总带着一抹淡淡的南国风情，但真要说起来，在北海道，甚至整个日本，富良野身上的冰雪光环却从来都不曾褪去。

冬季的富良野，雪色才是唯一的主宰，而欢寒村，则是富良野最著名的雪地游玩胜地。

欢寒村，名为村，实际上却更像是一座大型的冰雪主题乐园。

每年北风朔冽之时，欢寒村便瞬间化作了一片雪之奇境。

带着他（她），踩着厚厚的雪，在一片咯吱咯吱的响声中，一起去坐坐轮胎滑梯，玩玩雪地漂流，或者骑着雪地摩托一起潇洒地兜个风，既刺激，又浪漫。畅玩的同时，还能够一览满地琼瑶、山河如素的胜景，岂不快哉？

累了，倦了，站在雪地上，举目而望，十胜岳连绵起伏，恍若玉龙横空；精灵之森翠色蜿蜒，似碧水盘桓；远处，那一点点不知名的绯红，更瞬间将整幅冬之画卷"点燃"，细看，却原来是一排排巧致的冰灯横斜。

除了冰灯，欢寒村中还林立着各种各样的冰雕，或为人物，或为风景，斑斓的色彩中流溢着剔透，美轮美奂，艺术感极强。若是你胆子够大，不妨去走走冰雪隧道，两个人相偎相伴，相互扶持，就算真的"不幸"摔了，却也是一种乐趣。

若是时间赶得巧，正值冰瀑节的话，恍若九天倒悬般的银蓝色瀑布，在晨曦中不断变幻着各种冰纹；若流泉、若轻纱、若丝缎一般的溪泉潭池，映着漫天绽放的炫美烟火，委实令人迷醉。

▲ 在富良野滑雪场玩滑板滑雪的年轻人

一起去看精灵吧：精灵之森露台

恋恋于雪国的异域风情之中，却不觉举步，再回首，却已来到了精灵之森露台。

精灵之森露台，是一片商业区，也是一条森林游步道，由作家仓本聪主持设计。

步道两侧茂密的森林之中，错落地分布着17座木屋。木屋造型别致，步入其中，总有淡淡的木香萦怀。

屋子不大，多为商铺，售卖的也多是当地的传统工艺品，如纸制品、木雕、漆器、蜡烛，等等。尤其是初雪飞扬的傍晚，走进一栋栋被皑皑白雪掩映的小木屋，就仿佛走进了白雪公主的童话世界，一点点如豆的灯火绚烂着夜空，影影绰绰之间，似在对小精灵发出深情的呼唤。

灯火阑珊，星光如画，彼时，和心爱的人一起数着星星去等待，哪怕不曾见到真正的精灵，幸福却早已满怀。

春夏秋冬，晨昏雨雪，不同的时节，富良野的风情自也不同，但无论何时，只要邂逅了这块氤氲着紫色浪漫的土地，时光在你我脚下便已交织如画。所以，亲爱的，还等什么呢？来吧，富良野带给你的，定然是一曲"普罗旺斯"的绝美恋歌！

旅行·印象
森之时计

森之时计，是精灵之森中一栋精致的咖啡小屋，是日剧《温柔时光》的取景地。在这里，你不仅可以欣赏到烂漫的森林景观，还能享受醇香的咖啡与芝士。

去日本，这么近，那么美

选题策划：陈丽辉
文字编辑：白海波
美术编辑：刘晓东
图片提供：视觉中国
　　　　　北京全景视觉图片有限公司